新・プリマーズ/保育/福祉

相談援助

久保美紀／林 浩康／湯浅典人 著

ミネルヴァ書房

はじめに

　エレン・ケイ（Key, E.）は、『児童の世紀』（1900年）を著し、20世紀は児童の世紀として、子どもの善性を信頼し、子どもが育つ環境を大人が整えることの重要性を説き、権利主体、発達主体としての子ども観の確立に貢献しました。21世紀に入ったいま、子どもの育つ生活環境はどうでしょうか。保育の学びは、子どもたちが置かれている社会状況を知ることから始まるといってよいでしょう。

　保育士は、小学生から高校生までの女子が将来なりたい職業の上位につねにランクされています。いま現在、保育士をめざしているあなた、保育士になろうとした動機は何でしたか。それを思い起こしながら、本書で、まず、保育士という職業に魅力を感じていただけたら、うれしい限りです。あなたがなろうとしている保育士は、子どもにとってもっとも印象深い大人の1人で、心理的距離の近い専門職です。

　本文でも触れますが、2010年の保育士養成課程の改正により、従来の「ソーシャルワーク」をさす名称として使用されていた「社会福祉援助技術」の科目が「相談援助」になりました。本カリキュラムにおいては、「相談援助」とソーシャルワークは同義ととらえられています。したがって、本書では、「相談援助」を「ソーシャルワーク」と同義ととらえ、展開しています。これまで「ソーシャルワーク」の科目は、その名称は異なれど、保育士養成のカリキュラムの中に組み込まれてきました。それは、保育士の実践において、ソーシャルワークの原理、知識、技術を身につけていることの有効性が認められているからだといえます。

　本書は三部構成になっています。具体的には、第Ⅰ部「相談援助と保育」、第Ⅱ部「相談援助の方法と技術」、第Ⅲ部「相談援助の具体的展開」から構成されています。また、各部を構成する各章の冒頭に、学習のポイントを、章末

には，まとめとして，もっとも伝えたいこと，あるいは，本文では伝えられなかったことを述べ，学習が深まるように工夫しています。

　ソーシャルワーカーの仕事は，一般に医師・弁護士・看護師などの専門職に比べて，イメージしづらく，説明しづらいといわれます。本科目が演習科目であることから，相談援助を実践的に理解してもらうために，本書は事例を交えながら展開しています。さらに事例検討を通して相談援助を学ぶ演習プログラムを設けています。これによって，相談援助のイメージをより具体的なものにし，保育の実践において活用できるようになることを意図しています。

　本書が，保育士を志す人の学びをガイドし，また，保育士として実践を展開するときに，再び手に取って活用されることを願っています。そして，微力ながら，子どもと保護者の福祉につながる支援の展開を支え，保育士の専門性を高めていくことに貢献できれば，望外の喜びです。

　2013年9月

執筆者を代表して　久保美紀

目　　次

はじめに

序　章　家族と子どもの育ちの状況 …………………………………… 1

1 社会状況の変化と保育士の役割 …………………………… 1

2 家族状況と相談援助 ………………………………………… 1
1　家族の暴力性　1
2　プライバシーの尊重と家族の閉鎖化　2
3　家庭養育と保護者責任の強調　3

3 子どもの育ちの状況 ………………………………………… 4
1　「子育て」の状況　4
2　「子育ち」の状況　6
3　地域社会における居場所の必要性　7

I　相談援助と保育

第1章　相談援助の理論 ……………………………………………… 11

1 ソーシャルワークとは何か ……………………………… 11
1　私たちの暮らしと社会福祉　11
2　ソーシャルワークの定義　12
3　ソーシャルワークの担い手　13
4　保育士とソーシャルワーク　13

2 ソーシャルワークの視点 ………………………………… 14
1　人と環境の交互作用　14
2　ソーシャルワークの焦点　15

3 ソーシャルワークの体系 ……………………………………………………16
 1 ソーシャルワークの体系 16
 2 ソーシャルワークの実践方法 18
  (1) 個人・家族とのソーシャルワーク（ソーシャルケースワーク） 19
  (2) グループを活用したソーシャルワーク（ソーシャルグループワーク） 20
  (3) 地域を基盤としたソーシャルワーク 21

第2章　相談援助の目的と原理・原則 ……………………………………24

1 ソーシャルワークの目的 …………………………………………………24
 1 ソーシャルワークの目的 24
 2 ソーシャルワーク実践の目標 25

2 ソーシャルワークの原理 …………………………………………………26
 1 人間の尊厳 26
 2 権利擁護 27
 3 ストレングス視点 28

3 ソーシャルワークの原則 …………………………………………………29
 1 無差別平等 29
 2 個別的支援 30
 3 自己決定支援 30
 4 当事者主体 31
 5 秘密保持 32

4 よりよき援助のために ……………………………………………………33

第3章　相談援助の機能 ……………………………………………………35

1 ソーシャルワークの構成要素 ……………………………………………35
 1 生活問題をかかえ，援助を必要としている人 36
 2 生活問題──ニーズ 36
 3 社会資源 37
 4 援助過程 37

② ソーシャルワークの機能 ………………………………………………38

　③ ソーシャルワークの基本的機能 ………………………………………39
　　1　人々の問題解決力，発達能力を高め，社会生活力を強化する　39
　　2　人々と環境との関係を調整し，生活問題の解決や緩和を図る　39
　　3　環境に働きかけ，適切な制度運営を促進したり，必要な制度を創造する　40

　④ ソーシャルワーカーの実践上の役割 …………………………………40
　　1　人々に直接的に働きかける　40
　　　(1)　直接的援助役割　40　　(2)　教育的役割　41
　　2　人々と環境の交互作用を促進する　42
　　　(1)　人々と社会資源との調整をする役割　42　　(2)　弁護（権利擁護：アドボカシー）役割　43
　　3　環境に働きかける　44
　　　(1)　機関等の運営管理役割　44　　(2)　ネットワーク形成役割　44　　(3)　公的政策の改善・開発機能　45　　(4)　運動（権利擁護）の役割　45

　⑤ 実践を支える研究・教育機能 …………………………………………46

第4章　保育士の役割と相談援助 ……………………………………48

　① 相談援助が求められる背景と目的 ……………………………………48
　　1　児童福祉現場において相談援助が必要とされる背景　48
　　2　分離後の家族再統合　51
　　3　相談援助の目的　53

　② 相談援助における家族支援 ……………………………………………54
　　1　実践の視点　54
　　2　保護者へのまなざし　56
　　3　ストレングス視点に基づいた協働アセスメント　57

第5章　子どものケアと相談援助 ……………………………………59

　① 相談援助の視点 …………………………………………………………59
　　1　「弱さ」と「強さ」への着目　59

2　「時間の共有」と相談援助　60
　　　3　子どもと養育者との関係と相談援助　61
　　　4　聴くことの大切さ　63

　2　関連する相談援助技術 …………………………………… 64
　　　1　ケアマネジメントと子どもの育ちの保障　64
　　　2　保育士のケア体制とスーパービジョン　65

II　相談援助の方法と技術

第6章　相談援助の対象 ……………………………………… 71

　1　相談援助の役割と対象 …………………………………… 71
　　　1　相談援助の役割　71
　　　2　対象とその理解　72
　　　3　ニーズというとらえ方　73

　2　相談援助の対象把握の原理 ……………………………… 74
　　　1　人間観と援助観　74
　　　2　社会生活の基本的要求の充足と相談援助　75

第7章　相談援助の過程 ……………………………………… 78

　1　相談援助の過程とは ……………………………………… 78

　2　アセスメント ……………………………………………… 78
　　　1　アセスメントとは　78
　　　2　アセスメントに必要となる情報源　79
　　　3　利用者との面接　80

　3　計　画 ……………………………………………………… 81
　　　1　計画とは　81
　　　2　目標の決め方　82
　　　3　目標設定のための指針　82

4　目標を達成するための方策　83

4　計画の実行 ……………………………………………………………84

　　1　行動課題と認識課題　84
　　2　課題達成のための計画を立てる　85
　　(1) 利用者が課題を実行できるように利用者を動機づける　85　(2) 課題実行のくわしい計画を立てる　85　(3) 障害を分析し取り除く　85　(4) 課題実行に必要な行動リハーサルを利用者にしてもらう　86　(5) 課題実行の計画をまとめる　86　(6) 焦点と継続性を維持していく　87

5　評　価 ………………………………………………………………87

第8章　相談援助の技法 ……………………………………………89

1　保育士と相談援助の技法 ……………………………………………89

2　関係の技法 ……………………………………………………………89

　　1　面接の技法　89
　　2　観察の技法　91
　　3　援助関係樹立の技法　91

3　問題分析の技法 ………………………………………………………92

　　1　ジェノグラム　92
　　2　エコマップ　95

4　専門職としての技法 …………………………………………………98

　　1　チームアプローチ　98
　　2　スーパービジョン　100

III　相談援助の具体的展開

第9章　計画・記録・評価の実際 ………………………………105

1　事例にみる計画・記録・評価 ………………………………………105

② 計画を立てる ……………………………………………………… 106
　1　解決すべき問題と目標設定　106
　2　目標を達成するための方策　107

③ 記録をとる ……………………………………………………… 107
　1　記録の種類，意義と目的　107
　2　記録の様式　108
　3　主観的判断と客観的事実の区別　110

④ 評価の方法 ……………………………………………………… 111
　1　援助内容の検証と効果の確認　111
　2　シングル・システム・デザインのA–Bデザイン　112

第10章　関係機関との協働 ……………………………………………… 115

① 協働が求められる背景 …………………………………………… 115

② 協働とは ………………………………………………………… 116

③ 関係機関との協働のかたち ……………………………………… 117
　1　連絡・通報　117
　2　協　力　118
　3　ネットワークの形成　120
　4　多機関・多職種からなるチーム　122

④ 交流・協力を促進するために …………………………………… 123
　1　人間関係を築く　123
　2　協力，交渉，渉外の技術　123
　3　調整，仲介，情報発信の役割　124
　4　利用者の個人情報の取り扱い　124

第11章　多様な専門職との連携 ………………………………………… 126

① 専門職間の連携の必要性 ………………………………………… 126

② チームとは ……………………………………………………… 128

3 求められる能力 ……………………………………………………… 129
　　4 チームの長所を最大限に発揮するために求められること ……… 130
　　　1 チームとチームメンバーの現状についての理解　131
　　　2 メンバーの役割と責任の明確化　132
　　　3 メンバー間および利用者との円滑なコミュニケーション　134
　　　4 会議の進め方や葛藤の解決方法　135

第12章　社会資源の活用，調整，開発 …………………………………… 137
　　1 社会資源とは ……………………………………………………… 137
　　2 社会資源の活用 …………………………………………………… 138
　　3 利用者と社会資源を結びつける方法 …………………………… 140
　　　1 ネットワーク　140
　　　2 ソーシャルサポート　141
　　　3 ネットワークマップ　142
　　4 社会資源の開発 …………………………………………………… 145

演　習：事例を通して考える相談援助 …………………………………… 147
　1 児童虐待への対応 ………………………………………………… 149
　2 障害のある子どもとその家族への支援 ………………………… 155
　3 ひとり親家庭における親子分離とその支援 …………………… 160
　4 児童養護施設入所時の子どもへの支援 ………………………… 164
　5 子育て不安をかかえる保護者への支援 ………………………… 169
　6 援助道具の活用 …………………………………………………… 173

巻末資料：関連法令等 ……………………………………………………… 179

序　章
家族と子どもの育ちの状況

> **ポイント**
> 1　現代社会における家族の課題について理解する。
> 2　子育て・子育ちの状況を理解する。
> 3　子育て支援の必要性について理解する。

1　社会状況の変化と保育士の役割

　現在の子どもを取り巻く社会や家族の状況について関心をもち理解に努めることは，保育士として勤務するうえで重要なことです。地域関係や親族関係が希薄化し，こうした関係のもとで相互に支援することが困難となり，養育上の課題をかかえた家庭への支援が，社会的に要請されています。社会状況の変化に応じて保育士としての実践のあり方は変化するといえます。以下では現在の子どもを取り巻く社会や家族の状況について取り上げます。保育士の役割について考えてみましょう。

2　家族状況と相談援助

1 │ 家族の暴力性

　今日のように家族をお互いの心の拠り所とし，親密性を特徴とする家族が一般化してきたのは，高度経済成長期以降であるとされています。現在では家族の「心理的絆」の大切さを多くの人が認めています。
　しかしながら一方で，「やすらぎ」としての家族とは矛盾する家族の暴力的

側面も近年明らかとなってきました。基本的には家族に社会が介入することが困難なため，家族においては一般社会に比較して他者に暴力を振るうことが容易に行われ，その歯止めも機能しにくいという一面があります。また家庭はやすらぎの場であるという意識が，実は家族の中に存在する種々の暴力を隠蔽する役割を果たしているともいえます。近代家族のもつ暴力的側面が顕在化し(1)，家庭はやすらぎの場であるというとらえ方に対し，疑いの声が聞かれるとともに，家族に対する社会的介入の必要性が認識され始めました。

　近代社会における家族の親密性を，他者が乱さないようにするというお互いの暗黙のルールが創り出され，人々は他人の家族への余計な関与を慎むようになったことと引き替えに，周囲の人間を立ち入らせない家族のプライベート空間を享受できるようになりました。そうした状況は家族としてのまとまりを高めてきたと同時に，外部との壁を高くし，弱い立場にある子ども，女性，高齢者への虐待の潜在化を促してきました。すなわち家族はこれまで弱者の沈黙を前提に成立してきたと理解できます。家族の「プライバシー尊重」という考え方はさらにこうした状況を強化してきた一面もあります。

2 │ プライバシーの尊重と家族の閉鎖化

　歴史的に産業化と近代家族の誕生や地縁・血縁に基づいたインフォーマル支援ネットワークの衰退が，ソーシャルワークの誕生と深く関連しています。近代家族に大きく関与する「愛情」と「プライバシー尊重」という概念は，地域・親族関係の希薄化と家族の閉鎖化を促進してきました。

　家族の閉鎖化は家族への社会的介入を困難とし，家庭内虐待の潜在化・継続化・深刻化をもたらしてきました。家族内での人権侵害は「家族のプライバシー尊重」と「被害者の人権保障」が矛盾する面もあります。たとえば，プライ

---

(1) **近代家族**　産業化の過程で職住分離がなされ，地域関係が希薄化し，性役割分業（ジェンダー）が明確化した家族。特徴として①家内領域と公共領域の分離，②家族成員相互の強い情緒的関係，③子ども中心主義，④男は公共領域・女は家内領域という性別分業，⑤家族の集団性の強化，⑥社交の衰退，⑦非親族の排除，⑧核家族，といったことがあげられる。

バシー尊重を盾に家族への社会的介入が控えられたりすることが考えられます。それは家族のプライバシーの尊重が，被害者のプライバシーや権利を侵害しているといいかえることができます。

　援助過程において配慮されなければならないことは，被害者の安全であり，被害者のプライバシーや権利です。虐待は個人のプライベートな身体や精神への不当な介入であると同時に，被害者の主体性や当事者性（被害者としての自覚）を奪うこととなります。そうした状況にある者への援助においては，被害者の主体性や当事者性の保障が重要です。ところが現実には逆転し，加害者のプライバシーが守られ，被害者のプライバシーへの侵害が継続することがあります。子ども虐待に対する援助はいわば「プライバシー尊重」との戦いであり，被害者である子どものプライバシーを尊重するために，加害者のプライバシーにいかに対処するかという戦略といえます。

3 │ 家庭養育と保護者責任の強調

　これまで地域や親族関係の希薄化にともなう養育機能の低下を，家庭養育の社会化と社会的支援サービスの整備によって補うという考え方と，家庭養育の大切さを強調し保護者の養育態度や能力を改善するという考え方とが並存して施策づくりがなされてきました。

　後者の考え方においては，子どもの育つ基盤である家庭に焦点をあてることで，保護者責任が強調される傾向にあります。家庭養育が強調され，母親が中心となって子どもを養育するという近代型の子どもと家族の関係構造は，1920年代から一部の都市中間層に浸透し，高度経済成長期を経て一般化したとされています。父親が外で働き，母親が家事・育児に専念し，教育やしつけに注意を払った子育てをするという家庭像はけっして人類普遍の営みではなく，長い歴史のほんの一部の時期における家庭像にすぎないといえます。子育ての営みは，保護者に限定されない地域や親族を基盤にした多様な人々が関与する中で行われてきた歴史の方が，ずっと長かったということです。

　また子育てはそうした多様な人々の関与があって成り立つものであるといえ

ます。このようにとらえれば，地域や親族間での相互支援機能の低下が，家庭に過重な養育機能を求め，それに押しつぶされそうな家庭がとくに現在増加していると考えることができます。あるべき家庭像や援助者の価値観に基づき，問題ある保護者を指導するという姿勢ではなく，押しつぶされそうな保護者に対し，社会的支援サービスを提供するとともに，その押しつぶされそうな困難な状況にある保護者への共感に努め，保護者に寄り添うという姿勢が基本的には必要とされます。

　いうまでもなく，子ども虐待に象徴されるように，保護者の意向と子どもの安全・安心の保障に基づいた援助内容とが矛盾する場合などが想定され，子どもの安全・安心を保障するために，ときには保護者の意向に反しての強制介入を要する場面も存在します。しかしながらそうした状況に陥ったとしても，社会的援助機関には保護者との信頼関係に基づいた関与の必要性もあり，どのように信頼関係を形成するかが，重要なテーマとなります。「子ども中心」ということを理念的には理解していても，それを実践現場で具体化する場面でこうしたジレンマに遭遇することがあります。いかに保護者と子どもに対して関与するべきかというテーマは，実践における永遠の課題といえるでしょう。

③　子どもの育ちの状況

1 │「子育て」の状況

　一般的に子どもの成長・発達の場を①家庭，②地域社会，③保育所や学校といった制度化された場の3つに分け，①での成長・発達を一次的社会化，②での成長・発達を二次的社会化，③での成長・発達を三次的社会化とよんでいます。子どもの成長・発達はこの3つの場でなされますが，それぞれの場のあり方は社会状況の変化とともに変容してきました。二次的社会化の場である現在の地域社会に目を向けると，生活上，地域の関係性がそれほど必要でなくなり，そのため近隣関係が希薄化し，地域住民にとって地域という場が存在しても，

地域関係を基盤にした生活の場としての認識は薄れています。そのため現代社会では二次的社会化が脆弱化し，一次的社会化および三次的社会化の場への負担が増加しています。したがって子育ては，親族や近隣などインフォーマルな関係の中で共有されることが困難となってきました。二次的社会化の場が弱まっているからこそ，意識的に子育てを共有することが必要ですが，現代社会では子育ての保護者への負担が顕著となり，保護者および子ども双方にさまざまな問題を生み出してきました。子育ての社会化が不十分な中で，家庭内のとりわけ母親に育児負担がかたより，育児ノイローゼといった精神的問題をも生み出してきました。

　保護者にのみ子どもの養育責任をゆだねる風潮は，養育の社会的責任をあいまいにし，保護者の養育能力が不十分な状況にある場合や，養育能力を十分に発揮しえないような状況にある場合にも，保護者に養育を絶対的にまかせる傾向を生み出します。子育ての社会的責任ともいえる社会と保護者との育児におけるパートナーシップという考え方の浸透が不十分な中で，家庭での育児を強調することは，結局家庭への絶対的依存状態を生み出すこととなります。保護者による子どもへの影響が大きくなる中で，保護者のでき＝子どものできといったとらえ方も一般化し，保護者のストレスは高まる傾向にあります。

　こうした状況の中で，社会的存在としての子ども観に基づき，保護者を事前的かつ予防的に支えるために保護者と社会がパートナーシップを形成することが必要です。たしかにこれまでの日本における歴史を振り返っても，国が個々の家族にゆだねるべき子育てに口を出すべきではないという考え方が根強くあり，親権を尊重した方策がとられてきました。そこでは保護者がどうしても自分たちだけで養育が不可能になった場合に社会的介入がなされるという事後的介入がなされてきました。

　パートナーシップという考え方は，児童福祉法第2条の「国及び地方公共団体は，児童の保護者とともに，児童を心身ともに健やかに育成する責任を負う」や，児童の権利に関する条約第18条第2項の「締約国は……父母及び法定保護者が児童の養育についての責任を遂行するに当たりこれらの者に対して適

当な援助を与えるものとし」といった規定にもみられ，こうした理念の一般化が課題といえます。子どもが将来の社会を担う存在であることや，家庭や地域社会における育児機能の低下などを考えると，子育てに関しては，保護者（家庭）を中心としつつも，家庭にのみ任せることなく，社会全体で保護者を支援していくこと，いいかえれば，家庭と社会のパートナーシップのもとに子育てを行っていくという視点が重要です。

そうした意味において，保育所は地域における子育て支援の拠点として機能することがますます期待されています。日々保育所に通う子どもだけではなく，地域全体の保護者の話し相手や相談相手となり，一時保育の提供などを通して，地域の子どもたちの子育てを支える重要な資源となる必要があります。

2 「子育ち」の状況

かつて地域社会には，子どもから大人になる過程を支えるさまざまな仕組みがインフォーマルな形で存在していました。また家庭内においても祖父母やその他親戚と同居するなど多様な親族が存在し，それらとのかかわりの中で，生活する術を学びとることが可能でした。さらに家庭と地域との境界はあいまいであり，今日のように家族が地域から家庭の中へと引きこもり，そこで保護者が子どもの養育を独占的に行うということはなかったといえます。

かつて家庭と学校の間には，地縁や血縁を基盤にした多様な共同体（コミュニティ）が緩やかな連続性をなして存在していました。伝統的に共同体では，保護者の仕事の手伝い，仲間遊び，祭りの準備など，さまざまな地域活動の中で子どもが社会化する機会があり，子どもたちはこれらを介して，協調性や共同体独自の規範意識を身に付けたり，職業教育や性教育を受けていたといえます。

しかしながらこれまで述べてきたさまざまな要因から地域社会の状況がますます変化し，子どもが地域社会の中で育つことが困難となってきました。こうした状況を共同性の崩壊とよぶことができます。このような社会では子どもの地域での対人関係はきわめて限定され，子どもの自立を地域社会の中で支える

ことが困難であるといえます。

3 地域社会における居場所の必要性

　人間関係が不足かつ希薄化傾向にある現代社会の子どもにとって，自らの存在感を実感できる機会はきわめて限定されています。こうした状況の中で自尊感情や生きていく自信を育むことが困難となってきています。生活していくうえでの基本となる多様な人との信頼関係を社会的に形成できる場が求められています。それは子どもが大人から管理や評価をされず，子どもにとって心の拠り所となり，子どもの社会化を促す場である必要があります。先に述べたように，元来このような機能は地域社会の中に存在していましたが，地域社会の共同性は失われ，そのため社会的にそれを補うシステムを意図的に創り出すことが求められています。近年その機能を地域の中に比較的多く存在する児童館などに見出そうとする取り組みがみられます。児童館はこれまで乳幼児期や学童期の子どもの遊び場でしたが，思春期以降の子どもの居場所として位置づけられる可能性があります。子ども同士の縦横の関係，保護者でも教師でもなく学校的価値観に基づいた評価手段をもたない大人との関係の中で，自らの存在感を自覚した事例が各地の児童館で紹介されています。児童館職員との日常的な人間関係，子ども同士の信頼関係を基盤に，児童館は地域の関係機関と連携し，思春期の子どもの生活を支えていく必要があります。

　子どもの成長・発達は決して児童館という拠点が与えられただけでは保障されませんし，1つの拠点だけで担いきれるものでもありません。地域の人的，物的，インフォーマル，フォーマルな資源と連携し，それらを活用しつつ子どもたちを支援するという視点が重要です。それらの連携は子どもを支えるネットワークであると同時に，援助者を支えるネットワークでもあります。このように子どもにとっても援助者にとってもこうした支えは必要不可欠です。したがって援助者には，多様な資源と連携を図ることができる役割が期待されています。そうした役割を積み重ねることにより，点として存在していた拠点が線で結ばれ，さらに面となって子どもの成長・発達を支えることとなります。地

域社会で面としての養育機能が失われた中で，社会的に面を創り出していくことが必要となってきました。

> **本章のまとめ**
>
> 　家族や家庭は子どもが育つうえで必要不可欠なものです。しかしながら，それらが子どもの安全・安心を奪うこともあり，社会的介入を要する場合があります。また地域関係が希薄化する中で，家庭やその中での子育てが孤立化し，保護者が困難をかかえている場合もあります。保育士として家庭に目を向け，社会的援助や支援のあり方を考えることがますます重要となってきています。

I　相談援助と保育

　保育士が相談援助を学ぶ意義はどこにあるのでしょうか。保育士はソーシャルワーク専門職ではありませんが，保育士の仕事もソーシャルワーカーの仕事も対人援助の仕事であることは共通しています。第Ⅰ部では，相談援助の基本的枠組みを呈示し，相談援助の独自の視点，具体的な実践方法，実践の拠り所となる原理・原則，ソーシャルワーカーが果たす役割について学びます。そのうえで，子どもの保育と，保護者の相談に応じたり，助言をするという役割を担う保育士が，相談援助を学ぶ必要性について考えていきます。

第1章
相談援助の理論

・・・

> ポイント
> 1　ソーシャルワークの概念，保育士とソーシャルワークの関係について理解する。
> 2　ソーシャルワークの視点の特徴を理解する。
> 3　ソーシャルワークの実践方法の概要を理解する。

1　ソーシャルワークとは何か

1　私たちの暮らしと社会福祉

　私たちの暮らしは，さまざまな場所で，さまざまな人々・集団・組織などとのつながりの中でなりたっています。私たちは，人生行路を歩んでいく過程で，多様な社会関係をもちながら，他者とかかわり，それぞれの環境に適応しながら生活しています。こうした生活の営みの中で，個人や家族の力だけでは解決できない生活問題をかかえることがあります。たとえば，子育てに不安を感じているのに相談相手がいない，家庭内暴力で困っている，失業，いじめ問題，不登校，児童虐待，高齢者介護，アルコール依存，障害のある人のケア，などがあげられます。これらは，個人の自助努力で解決するのではなく，社会的に解決する必要があります。このような状態にあるとき，私たちの生活を支える社会のしくみの1つが，社会福祉の制度やサービスです。これらの制度やサービスは，人々の日常生活の営みの中で，現実に意味あるものとして機能してはじめてその意味をなします。制度・サービスを，その人にとって意味あるように橋渡しする機能を果たすのがソーシャルワーク(1)です。
　ソーシャルワークは，社会生活上の諸困難（生活のしづらさ）をかかえる

Ⅰ　相談援助と保育

人々の相談に応じ，さまざまな制度やサービスなどの社会資源を活用しながら，困難な状況を改善し，人々が安定した生活を送れるように援助する活動をさします。その活動は，人々を直接援助するだけでなく，人々をとりまく環境（家族，地域，制度など）にも働きかけ，生活のしづらさを引き起こす社会環境を改善することを含んでいます。つまり，誰もが，家族，地域，学校，職場などの一員として，さまざまな社会とのつながりの中で安定した生活を送ることができるようにする装置なのです。

2│ソーシャルワークの定義

　国際ソーシャルワーカー連盟のソーシャルワークの定義（2000年）では，「ソーシャルワーク専門職は，人間の福利（ウェルビーイング）の増進を目指して，社会の変革を進め，人間関係における問題解決を図り，人々のエンパワーメントと解放を促していく」としています。また，保育所保育指針解説書ではソーシャルワークについて，「生活課題を抱える対象者と，対象者が必要とする社会資源[2]との関係を調整しながら，対象者の課題解決や自立的な生活，自己実現，よりよく生きることの達成を支える一連の活動をいいます。対象者が必要とする社会資源がない場合は，必要な資源の開発や対象者のニーズ[3]を行政や他の専門機関に伝えるなどの活動も行います。さらに，同じような問題が起きないように，対象者が他の人々と共に主体的に活動することを側面的に支援することもあります。保育所においては，保育士等がこれらの活動をすべて行うことは難しいといえますが，これらのソーシャルワークの知識や技術を一部活用することが大切です」[4]と述べています。ここにみるように，保育士が，ソー

---

(1) 「ソーシャルワーク」の科目は，従来，保育士養成のカリキュラムの中に位置づけられてきた。従来，保育士養成課程においては，ソーシャルワークをさす名称として「社会福祉援助技術」が使用されていたが，2010年の保育士養成課程の改正により，これまでの「社会福祉援助技術」の科目が，「相談援助」に変更された。本カリキュラムにおいては，相談援助とソーシャルワークは同義にとらえられている。したがって，本書においては，相談援助をソーシャルワークと同意としてとらえ，進めていく。
(2) 社会資源については，第3章（p.37），第12章（p.138）参照。
(3) ニーズについては，第3章（p.36），第6章（p.73）参照。

シャルワークを援用することが期待されていることがわかります。

3 ソーシャルワークの担い手

　ソーシャルワークの主な担い手は，ソーシャルワーカーです。ソーシャルワーカーとは，社会福祉士や精神保健福祉士など，社会福祉学を基盤とした専門教育を受け，ソーシャルワーク実践を支える専門的「価値・知識・技術」を身につけた相談援助の専門職をさします。ソーシャルワーカーは，児童養護施設や母子生活支援施設，児童家庭支援センター，社会福祉協議会，児童相談所，福祉事務所などの社会福祉施設・機関，さらに，病院や学校などで活動しています。社会福祉の援助活動は多彩で，ソーシャルワーカーなどの社会福祉専門職による援助活動だけでなく，地域住民やボランティアによる活動，セルフヘルプグループ（同じような問題をかかえている当事者が主体的に運営しているグループ），民間団体，NPO等の非営利団体などによる活動まで多岐にわたります。これらの社会福祉の援助活動の中で，ソーシャルワーカーによる活動が重要な位置を占めていることはいうまでもありません。

4 保育士とソーシャルワーク

　保育士は，児童福祉法第18条の4では「保育士の名称を用いて，専門的知識及び技術をもって，児童の保育及び児童の保護者に対する保育に関する指導を行うことを業とする者をいう」とされています。保育士は，保育・養護などのケアワークにとどまらず，保育の専門性を活かして，保護者の相談に応じたり，助言をするといったソーシャルワーク的機能を果たすことが期待されているといえます。

　保育士は，ソーシャルワークの専門職ではありませんが，保育士の主な実践の場である保育所や児童養護施設は社会福祉実践の場であり，子どもの保育と保護者へのよりよい支援のためには，ソーシャルワークの原理・原則，知識，

---

(4) 厚生労働省編『保育所保育指針解説書』フレーベル館，2008年，p.185。

I　相談援助と保育

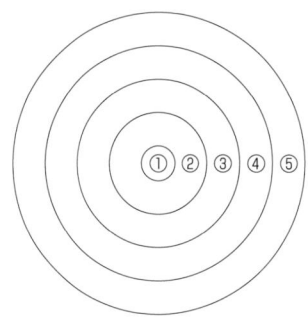

①個人
②家族
③友人，知人，近隣，地域社会，その他のグループ
④学校，職場，福祉・医療機関などの組織
⑤社会（政治・経済体制，文化，価値観など）

図1-1　人と環境

方法技術を習得していることが必要です。また，保育士は子どものもっとも身近にいるため，子どもや保護者のニーズを把握し，問題の発見者になることが多く，児童家庭福祉分野の専門職として，その問題解決にむけて，ソーシャルワーカーと連携していくこともあります。したがって，他職種であるソーシャルワーカーの仕事の内容を学んでおくことは有意義でしょう。

全国保育士会倫理綱領には，子どもの福祉を推進するために，保護者との協力，職場におけるチームワーク，他の専門機関との連携，子どもや保護者の代弁，地域での子育て支援などに取り組むことが謳われており，ソーシャルワークを援用することが前提となっているともいえます。

2　ソーシャルワークの視点

1　人と環境の交互作用

私たちの生活を振り返ってみましょう。私たちは，もっとも身近な環境である家族，次に，友人，知人，近隣，地域社会，趣味などのグループ，そして，学校，職場，福祉・医療などのさまざまな社会機関，さらには，より広い一般社会へとひろがる環境との交互作用の中で生活しています（図1-1）。個人は，家族の構成員であり，地域住民であり，福祉機関等とかかわっており，社会制

第1章　相談援助の理論

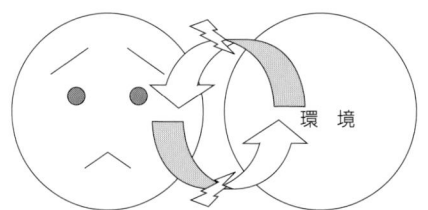

図1-2　人と環境の交互作用

度とも当然かかわっているのです。いいかえると，これらの環境との交互作用なくして，私たちの生活は成り立たないといえます。私たちは生活していくうえで，自分をとりまく環境に働きかけながら，また環境に自分を合わせながら，いわば周囲とのバランスをとって生活を営んでいるのです。個人にとって家族はもっとも身近な環境です。したがって，子どもの成長発達と福祉にとっては，家庭が重要な意味をもっているのです。

2 ソーシャルワークの焦点

　ソーシャルワークは，このような立場に立って，人と環境を別個にみないで，環境とのかかわりにおいて人間をとらえ，人と環境が相互に影響しあっている，切っても切れない関係，つまり「人と環境の交互作用」に関心を向けて援助活動を展開するところに特徴があります。つまり，ある人が何らかの社会生活上の困難をかかえている場合，単にその人の側に問題があるとか，また反対に周囲の環境の側に問題があるとかではなく，その人と環境との関係，すなわち，交互作用のあり方に問題があると考え，その状況を改善することをめざすのです（図1-2）。

　ソーシャルワークは，人々の生活を支援するために，人々とその環境との交互作用のあり方に働きかけます。たとえば，保護者が子育てに不安を感じているのに，身近に相談相手がおらず孤立していたり，相談したくても，どこに相談にいけばよいかわからないなど，利用できる社会資源の存在や利用方法を知らないことが見受けられます。そうした場合，地域で行われている当事者の集

いやボランティアグループによる支援活動，各種のサービスなどの社会資源の利用につなげます。それによって，親子関係や，家族関係が良好になり，子ども自身，保護者自身，そして，家族の生活が安定し，さらには，子どもの保育所，保護者の職場や地域における社会生活が安定したものになるように，働きかけるのです。

つまり人々をとりまく環境に着目し，社会とのつながりの中で，社会の一員としての主体的な生活を可能にする条件整備や改善のために，ソーシャルワークは機能するのです。社会的つながりの中で，生活のしづらさをかかえる人々の社会関係を調整または改善し，より豊かにしていくための取り組みが，人と環境との交互作用に介入し，働きかけるということです。そのような働きかけを通して，その人が，安心して，勇気と自信をもって，その人らしい主体的な生活を維持していくのを可能にしていくのです。

ソーシャルワークは心理カウンセリングと同様に対人援助活動ですが，双方の違いは以下の点に見出すことができます。心理カウンセリングがその人の心理的・内的側面に焦点をあて，その人の心理状態の安定と生活への適応を図っていくのに対して，ソーシャルワークは個人と環境との関係に焦点をあて，その人の心理的支えをしながら，各種の制度・サービスや，友人・知人や近隣との自然発生的なつながりを活用しながら，生活の安定を図っていくのです。

3 ソーシャルワークの体系

1 ソーシャルワークの体系

私たちの社会生活を支えるために，ソーシャルワークはどのような実践方法を備えているのでしょうか。方法とは，辞書的な意味では「特定の目的を達成するために，対象に向かって主体が働きかける場合に利用する手段・手続きの総体」をさします。

ソーシャルワークは，貧困問題と社会的不正義への対応から始まり，20世紀

第1章　相談援助の理論

表1-1　ソーシャルワークの体系

	実践方法	概要
専門方法	ソーシャルケースワーク	個人や家族を対象にして，彼らとの直接的な関係を軸にして，その問題解決をめざす。
	ソーシャルグループワーク	グループの力動を活用して，メンバー個々の問題解決や成長を図る。
	コミュニティワーク（コミュニティオーガニゼーション）	地域社会において発生する問題を地域住民や関係機関との連携を通して解決し，住みよい街づくりをめざす。
	社会福祉調査法（ソーシャルワークリサーチ）	社会福祉サービスの効果的な提供をするためのデータを得るために実施する調査。
	社会福祉計画法（ソーシャルプランニング）	集合的ニーズに対応した具体的計画を立案する。地域福祉計画の策定などに活用される。
	社会福祉運営管理（ソーシャルアドミニストレーション）	社会福祉提供機関・施設のサービスの質の向上や，効果的なサービス提供を図る。
	社会活動法（ソーシャルアクション）	社会福祉サービス・制度の改善や開発を，国や地方自治体に働きかけていく。
関連する方法	ネットワーキング	既存の組織や制度内での連絡調整を超えて，援助活動の展開を図り，動態的なつながりを創っていく。
	ケアマネジメント	利用者の問題を解決するにあたって，ニーズに適合した社会資源を一体的に結びつける。
	カウンセリング	個人の心理的・内的側面に焦点をあて，その人の心理状態の安定と生活への適応を図っていく。
実践を支える方法	スーパービジョン	援助者を支援し，指導や訓練を通して，専門性の維持・向上を図る。
	コンサルテーション	医師や弁護士など関連領域の専門家から助言を受け，援助者の活動を支持する。

前半に，ソーシャルワークが理論化されました。伝統的なソーシャルワークの三大方法は，ソーシャルケースワーク，ソーシャルグループワーク，コミュニティワーク（コミュニティオーガニゼーション）です。これらの方法が，それぞれ別個に誕生し発展してきました。その後，これらと相互補完するかたちで，社会福祉調査法（ソーシャルワークリサーチ），社会福祉計画法（ソーシャルプランニング），社会福祉運営管理（ソーシャルアドミニストレーション），社会活動

I 相談援助と保育

法(ソーシャルアクション)が備わり，包括的にソーシャルワークをとらえるようになりました。さらに，ネットワーキング，ケアマネジメントなどが関連する方法として活用されるようになりました。加えて，スーパービジョン，コンサルテーションといった実践の質的向上を図る方法が活用されています(表1-1)。ソーシャルワークの援助対象のサイズとしては，マイクロ・メゾ・マクロに大別されます。援助対象領域は，生活問題をかかえている個人や家族，グループを直接援助するマイクロレベルでの取り組み，問題を地域社会の共通課題としてとらえて地域社会を援助対象とするメゾレベルの取り組み，さらには，そうした取り組みから地方自治体や国に政策対応を求めていくマクロレベルの取り組みまでを含みます。そして，これらの方法は，それぞれが単独で完結した目的や機能を果たすわけではなく，相互に関連しており，包括的・統合的視野から生活状況や問題状況の理解に基づき，多様な実践方法を駆使していくことが求められています。

2 | ソーシャルワークの実践方法

以上の実践方法について事例を交えながら，説明していきましょう。

―― 事例1-1 ひとりぼっちの子育て ――

Aさん(25歳)は，Bちゃん(3歳)の母親で，夫であるCさん(30歳)との3人家族です。Aさん夫妻は2人ともフルタイムで会社勤めをしており，Bちゃんは保育所に通っています。Cさんは，仕事人間で，Aさんが仕事を継続しているのをあまりよく思っていないため，家事の分担や子育ての協力もほとんどなく，Aさんの負担は大きくなっています。また，Aさんの実家は他県にあり，家事や育児のサポートはほとんど期待できず，保育所の送迎の関係で，最近引っ越したため，隣近所との付き合いもあまりなく，Aさんは相談相手もいない状況です。
ある日，Aさんがbちゃんを保育所に迎えに来たとき，担当保育士が「お疲れさまでした」と声をかけると，Aさんは「仕事は忙しくて，くたくたに疲れ果てて……，以前は，そんなときでも，この子の顔をみると疲れなんか吹っ飛んでいた

> のに……，最近は，騒いだり，泣いたりして，私のいうことを聞いてくれないし……，イライラして……，迎えに来るのがいやになるときがあるんです……，ダメな母親ですね……」と話しました。保育士はAさんに「よく話してくださいましたね。Aさんはよくがんばっていらっしゃいますよ」とねぎらい，「今度，時間をつくってお話しませんか」と声をかけました。すると，Aさんは笑顔をみせて「ありがとうございました」といって，帰っていきました。

（1）個人・家族とのソーシャルワーク（ソーシャルケースワーク）

　個人・家族とのソーシャルワークは，ソーシャルワーク実践において中核をなす活動で，個々の相談について，個別的に解決を図っていきます。ソーシャルワーク実践は，事例のように問題をかかえた個人・家族との出会いからはじまります。事例の場合，保育士は「イライラして……，迎えに来るのがいやになるときがあるんです……，ダメな母親ですね……」とSOSを発したAさんの訴えを受容し，子育てと仕事や家事との負担感を受けとめ，Aさんとの相談面接をすることを提案しました。これが，問題解決の第一歩です。その面接では，Aさんの語りを傾聴し，Aさんの思いを受け止め，信頼関係を築き，「よく話してくださいましたね。これからは一緒に取り組んでいきましょう」とAさんを孤立感から解放し，協働作業に取り組む基盤となるようにすることが求められます。

　そのうえで，保育士や保育士から連絡を受けたソーシャルワーカーなど援助者は，Aさんが安心して子育てできる環境を確保するために，情報を収集し，AさんとAさんの生活を理解することになります。まず，Aさんがどのような人生を送ってきたのか，Aさん自身が現在の状況をどのように認識し，どのようにしたいと思っているのか個別的に理解しなければなりません。そして，Aさんがどのような環境とどのようなつながりをもっているか，具体的には，Aさんの家族，友人，近隣，職場の同僚，ボランティアなどによるインフォーマルネットワークと，行政等の社会福祉担当職員，保健所の保健師，病院の医

師・看護師，民生委員・児童委員(5)などによるフォーマルネットワークについて理解し，Aさんの生活がどのようになりたっているのかなどを理解していきます。

そして，Aさんの置かれている状況を理解するためには，Aさんのもっとも身近な環境である家族を理解することがきわめて重要です。家族は，私たちの生活のありようにもっとも影響力をもっており，家族メンバー間で葛藤が生じることもあります。したがって，家族としての生活を援助するとともに，援助者はメンバーどうしを対等に向きあわせるよう，媒介者としての役割を果たし，1人ひとりの自己実現を支えるという複眼的視点が求められます。保護者と子どもを個別に援助しながら，その状況の改善のために家族メンバー間の関係性の変化が目標とされます。こうして，Aさんが孤立感から解放され，環境に目を向け，環境とかかわりをもつべく，子育て支援のための制度やサービス，地域にある資源についての情報を提供し，社会資源を活用できるように働きかけていくことになります。

（2）グループを活用したソーシャルワーク（ソーシャルグループワーク）

人は，誕生から死に至るまで，さまざまなグループに所属し，グループのメンバーと相互作用しながら成長していきます。グループへの援助活動は人間の集まりであるグループのもつ特殊な力動に着目し，グループを活用して，メンバー個々人やグループ全体が直面している問題解決のために，側面的援助をしていく実践方法です。グループに参加している個人と，その個人をメンバーにして形成されているグループ双方を援助対象にしますが，個人がグループの特性を活用して，問題解決・ニーズ充足できるように援助することになります。グループを活用する意義として，グループ活動によって，自分の存在を受け入

---

(5) **民生委員・児童委員** 民生委員は，民生委員法に基づき厚生労働大臣から委嘱され，それぞれの居住地域において，住民の相談に応じ必要な援助を行う無報酬の地域福祉活動の担い手であり，児童福祉法に基づく児童委員を兼ねている。そのため，民生委員・児童委員と呼んでいる。一部の民生委員・児童委員は，児童の福祉に関する相談を専門的に担当する，主任児童委員の指名を受けている。

れられること，また，自分がほかのメンバーにとって意味ある存在であることを実感すること，などがあげられます。

グループ内では絶え間なくメンバー間の相互作用が起こっています。したがって，援助者は，個々のメンバーの価値観，問題への認識，グループへの参加の動機づけ，役割，影響力，グループダイナミックスを見極めながら，グループ全体を視野に入れて，メンバー間の肯定的・建設的相互作用が起こるように媒介しなければなりません。

事例の場合，Aさんとの信頼関係が構築されたうえで，Aさんに視点を転換し，現状と異なる生活を想像してもらうべく，Aさんに子育てひろばの利用や子育て中の母親同士のピアグループへの参加を促して，子育ての悩みを分かちあう場をつくります。こうしたグループ活動をとおして，Aさんの新たな生活空間，人間関係の構築を図り，Aさんを社会的孤立から解放するのです。

（3）地域を基盤としたソーシャルワーク

全国保育士会倫理綱領では，保育士は「地域の人々や関係機関とともに子育てを支援し，そのネットワークにより，地域で子どもを育てる環境づくりに努めます」としています。保育士の仕事は，保育所等の所属機関の中だけで完結しません。地域を基盤として活動していくことが求められているのです。具体的には，①子育て支援や子ども家庭相談などの支援体制といった，資源開発を行うための関係機関とのネットワーキング，②日常生活圏を基盤とした住民主体の子育て支援のネットワークを形成し，地域組織化を図るコミュニティワーク，といった実践方法を活用することになります。個人とのソーシャルワークにおいても，より大きな環境，つまり，組織や地域とのかかわりの中で，人々をどのように援助するかということが重要です。なぜなら，私たちは真空の中で生きているのではなく，さまざまな人やグループ・組織・地域社会との関係の中で，さまざまな役割を担いながら社会的に機能しているからです。

人が地域社会で生活を営むとき，さまざまな問題に直面します。地域社会の中で生起する住民の共通的生活課題を住民主体で，組織的，地域協働的に解決

していくために，地域社会の社会資源を整備し，地域住民の福祉意識を高め，福祉活動への参加を促進していく実践方法が，コミュニティワークです。こんにちでは，コミュニティワークと個別課題をかかえた地域住民への個別生活援助活動を統合した，地域を基盤としたソーシャルワークが展開されています。

　人が地域での自立した生活を維持するのを支援していくために，フォーマル・インフォーマルな援助をおりあわせていくケアマネジメントは有効な技法です。その前提には，ニーズに対応した社会資源が整備され，生活基盤である地域社会の福祉力を強化することが不可欠です。人がかかえる生活のしづらさは，個人的要因とともに，地域の要因が大きく影響します。たとえば，その地域にどのような社会資源が整備されているか，地域社会の福祉意識はどうか，などです。地域に存在する多様性を考慮するとともに，住民主体の援助活動において，住民・地域社会の強みに着目し，地域資源の活性化を図るストレングス（strength）視点[6]が重要な視点となります。地域には社会的に孤立し，不利な状態におかれている人たちが存在します。地域を基盤としたソーシャルワークは，こうした人たちを包み込み，つながりを創出していく方法といえるでしょう。住民が生活課題を共有し，地域の生活課題として認識することを起点として，地域の潜在的な資源開発，地域の福祉力の強化を図っていくのです。それは，他方で，個人・家族の対処能力を高めていくことにもつながります。

　事例1-1の場合，Aさんが生活している地域の特性，具体的には，人口構成，文化的背景，子育て人口，子育て支援のための社会資源の配置状況や，住民の子育て世代の生活についての関心などを知る必要があります。この過程で，社会福祉調査を実施し，地域における子育て環境に合わせて，ニーズを把握し，どのようなサービスがどれくらい必要かなどを見極めるための資料を得ます。そして，その調査結果をもとにして地域福祉の推進を図るための地域福祉計画[7]

---

(6) ストレングス視点については，第2章（p.28）参照。
(7) **地域福祉計画**　地域の特性や実情をふまえながら，地域の福祉課題に適切に対応し，誰もが安心して地域での自立した生活を送ることができるように，地域福祉を総合的かつ計画的に推進していくための手法や過程を盛り込んだものである。策定過程では，住民懇談会などを通しての地域住民の参加が不可欠である。

の立案に結びつけていきます。その一方で，当事者，民生委員・児童委員，行政の担当者，ボランティアなどがメンバーとなって，住民が主体の住民懇談会を組織していくのです。このとき，Aさんをチームアプローチのメンバーとして位置づけていくことが重要です。Aさんの子育て支援という取り組みが起点となった住民の主体的活動が，住民の福祉意識を高め，地域の福祉力を高めていくような援助が求められます。さらには，それらの取り組みをふまえて，一般市民を巻き込み，施策や制度の充実，創設，たとえば，子育て支援システムの構築を自治体や国に求めていく，ソーシャルアクションを用いることになります。

このように，ソーシャルワーク実践は展開していきますが，保育士は，子どもと保護者のもっとも身近にいて，問題を発見する人であり，その問題を解決するべく，ソーシャルワーカーにつなぐ役割を担っています。そして，保育士が実際に活用する実践方法は，主にソーシャルケースワークで，次いでソーシャルグループワークです。

> **本章のまとめ**
>
> 私たちの生活は環境とのかかわりの中で成り立っています。あなた自身の生活がどのようなもので成り立っているか，また，あなたと環境とのつながりに目をむけてください。そこから，「相談援助」の学びは始まります。保育士としての専門性を活かして，必要に応じて，ソーシャルワークの実践方法を援用することが，子どもや保護者の援助に有効でしょう。

第 2 章
相談援助の目的と原理・原則

- - -

ポイント
1 ソーシャルワークの目的について理解する。
2 ソーシャルワークの原理について理解する。
3 ソーシャルワークの原則について理解する。

1 ソーシャルワークの目的

1 ソーシャルワークの目的

　ソーシャルワークは、どんなことをめざしているのでしょうか。すでに述べたように、国際ソーシャルワーカー連盟のソーシャルワークの定義（2000年）では、「ソーシャルワーク専門職は、人間の福利（ウェルビーイング）の増進を目指して、社会の変革を進め、人間関係における問題解決を図り、人々のエンパワーメントと解放を促していく」としています。

　そこから、ソーシャルワークの目的として、①人々のウェルビーイングの増進、②社会変革の促進、③人々のかかえる問題解決への援助、④人々のエンパワメント、を読み取ることができます。それぞれは、以下のように説明できます。

① 人々のウェルビーイングの増進：人々の人権を尊重し、安心して暮らせる生活の基盤が確保され、その人自身が幸福感や充実感を感じながら、その人らしく暮らすことができるように環境を調整しながら、援助すること。
② 社会変革の促進：偏見・差別・抑圧・排除などの社会的不正義な状況を打破するように、社会制度や一般社会の人々の社会意識の改変にむけて働

きかけること。
③ 人々のかかえる問題解決への援助：人々が社会生活を送るうえで，かかえる生活のしづらさを解決・緩和すること。
④ 人々のエンパワメント：社会的に不利な状況におかれやすい人々の権利や機会の回復を図り，自分たちの生活のありようを決定する過程に参画し，周囲や社会への影響力を自ら獲得していくのを側面的に支援すること。

2 ソーシャルワーク実践の目標

　実際のソーシャルワーク実践においては，その対象がどうであれ，個別の援助目標を設定していくことになりますが，ソーシャルワーク実践が目標を設定し，それにむけて機能する領域は，直接利用者に個別の援助目標を設定して支援するレベルから，サービス供給組織の運営，サービス・プログラムのデザイン，制度・政策の展開まで含んでいます。そして，それらは個別に独立して機能するのではなく，相互補完的に機能することによって，先に述べたソーシャルワークの目的の達成が図られるのです。ソーシャルワーク実践の目標としては，次のものがあげられます。
① 人々の問題解決能力，意欲を強化する：利用者の問題解決・ニーズ充足に取り組む意欲を高めたり，利用者に生活問題に取り組む方法を教えたり，利用者が自分自身の長所を認識できるようにしたりすること。
② 人々の社会資源の利用を促進する：生活問題をかかえても，それを解決するサービスなどの情報を知らない場合が多いので，サービス利用の手続きなどを教えること。必要なサービスが不足していたり，欠落している場合，サービスの開発にむけて関係機関に働きかけること。人々の良好な関係，つながりを促進すること。
③ 自尊感情や生き抜く力を育む：自己実現，肯定的自己概念をもてるように，成功・成就体験を積む機会を提供すること。また，それを支える環境を調整すること。
④ サービス供給主体の効果的な運営，関係機関間の連携を促進する：ソー

シャルワーカーの所属機関が利用者本位のサービスを提供し、さらに、利用者のニーズに対応できるように、関係機関とのコミュニケーションを促進すること。
⑤ 社会政策の改善・開発を促進する：専門職団体などを通して、政策の改善・開発にむけて働きかけること。一般の人々の人権意識を高め、相互支援のつながりを醸成していくこと。

2 ソーシャルワークの原理

ソーシャルワークの目的を導き出し、実践を支えるのはソーシャルワークの原理です。ここでは、援助活動の基本的な指針ともいえる原理を取り上げます。

1 人間の尊厳

人間の尊厳とは、人間のもって生まれた価値によるもので、その人が実際に何ができるとか、どのような行動をとるかということに左右されるのではありません。それは、人を何らかの属性で評価するのではなく、ただ人間であるという存在そのものに価値を見出すのであり、人権の根拠といえます。人間は唯一絶対の存在であり、人間が単なる手段として、ある目的を達成するための道具として扱われるものではないということです。

全国保育士会倫理綱領は、1人ひとりの子どもを心から尊重し、子どもの育ちを支え、保護者の子育てを支え、子どもと子育てにやさしい社会をつくるとうたっています。また、保育所保育指針では、保育所の社会的責任の1つに、「保育所は、子どもの人権に十分配慮するとともに、子ども一人一人の人格を尊重して保育を行わなければならない」と規定しています。子どもを1人の人間として尊重することは、保育の根底にある考え方だといえます。

また、児童福祉法第1条第1項では、児童福祉の理念を「すべて国民は、児童が心身ともに健やかに生まれ、且つ、育成されるよう努めなければならない」とし、さらに第2項で「すべて児童は、ひとしくその生活を保障され、愛

護されなければならない」と規定しています。人格形成において，子どもの時期はきわめて重要な意味をもっています。子どもが成長発達していく過程には，子どもを取り巻く環境，とりわけ家庭環境が大きな影響を及ぼしています。人間は，誕生から死に至るまで，その人生行路において，ある側面で，あるいは全面的に依存せざるをえない存在です。子どもの時期は，周りの環境に依存しなければ，いいかえると，周りの大人の支えがなければ，その生活は成り立たないといえます。したがって，子どもの福祉を支え，子どもの育ちを支えていくという，人権意識を一般市民の中に育てていくことが求められます。

2 権利擁護

　人が生活問題をかかえたとき，社会的に不利な立場に置かれ，自分の権利や利益を主張できなかったり，権利を侵害されても声をあげることができない場合が多くみられます。とりわけ，子どもは，虐待，搾取，差別などの対象になりやすい立場に置かれています。子どもの場合，虐待を受けたり，差別されたとしても，それが権利侵害であるという認識がなく，権利侵害の実体を訴える力が十分でないことが多いのが実情です。

　児童の権利に関する条約では，子どもを保護の対象としてではなく，権利主体として位置づけ，子どもの基本的人権について明確にしています。その第12条では，児童の意見表明権を確保することを規定しています。自分の権利や利益を主張しづらい子どもたちの声なき声を聴き，その権利を主張し，守っていくことが権利擁護です。全国保育士会倫理綱領にも，子どもや保護者のニーズを受け止め，子どもの立場に立ってそれを代弁することが明記されています。

　権利擁護活動は，1人の子どもや保護者が社会資源の活用に際して不利益を被らないように擁護するレベルから，児童養護施設で暮らしている子どもや，ひとり親家庭といった，特定の集団の利益・権利を守るべく行政・社会に施策の改善を求めてソーシャルアクションを起こすレベルにまで広がっています。そのため，1人の援助者の力では限界があり，権利擁護のシステムをつくり上げていくことが不可欠で，児童虐待対応システムはその一例です。また，全国

保育士会などの専門職団体が組織的に訴えていくことが必要になってきます。

3 ストレングス視点

　ストレングス視点は，人が問題をかかえた場合，その原因を個人の病理・欠陥としてとらえ，それを改善したり，治療するという立場に立つのではなく，本人の潜在性に絶対的信頼をよせ，本人が対処し，生き抜き，回復し，成長する姿に着目し，それを最大限に発揮する方向をめざす援助観です。それは，人々が保有する徳，才能や，生活の知恵，生活課題に対処することを通して学んだこと，個人的な体験知，地域社会の福祉力など，人々が有する積極的な側面に焦点をあてることです。つまり，すべての人は能力や熱望，目標をもっていること，そして，孤立無援ではなく，その人を取り巻く環境には物的資源や機会，人的支援があることを前提としており，利用者と援助者がパートナーシップを形成し，協働作業で援助活動を展開する基盤といえます。

　具体的には，援助者は，利用者が理解できることばを使い，その人の語りを傾聴し，その人自身のもっている潜在性をみつけ，その人自身にもそれに気づいてもらい，それを援助過程で生かしていくことが大切です。そうすることによって，本人は自信を回復し，自尊感情を高めることができるのです。さらに，環境は援助資源の宝庫であるとして，害的拒否的にみえる環境の中にも状況を改善するために活用できる援助資源を見出し，活性化していくことが大事です。子育てに自信をなくし，生活問題をかかえた保護者は，そこに至った責任は自分にあると自分を責めたり，無力感を味わうことがよくみられます。そういうとき，これまでに，その保護者が子育てや家族のケアなどに適切に取り組んできたことを取り上げ，「よくがんばってこられましたね」とその努力に賞賛とねぎらいを表し，忘れていた自分の力を思い出してもらい，それを活性化させ，そこから未来に目をむけてもらうことが大事です。

3 ソーシャルワークの原則

　以上にあげた原理は，抽象的なレベルに留まっています。それらをより具体的レベルでとらえ，援助者が利用者とともに，援助活動を計画的に展開していく過程で前提とすべき原則があります。ソーシャルワークの原則として，第1にあげられるのはバイスティック（Biestek, F. P.）の7つの原則です。この原則は，援助者が利用者にむかうときの姿勢を表しているといえます。ここでは，それを考慮に入れながら，基本的な原則を取り上げます。

1 ｜ 無差別平等

　無差別平等とは，世界人権宣言を貫く思想であり，日本国憲法第14条に「すべて国民は，法の下に平等であつて，人種，信条，性別，社会的身分又は門地により，政治的，経済的又は社会的関係において，差別されない」と規定されているところです。

　私たちが生きている社会には，残念ながらさまざまな偏見や差別が横行しているのが現実です。多数派による偏見や差別が，少数派を傷つけ，少数派をより生きづらい状態に追いやっていることがあります。たとえば，在住外国人の場合，その文化的背景や習慣が異なるため，偏見や差別を受けやすく，日本で生まれた彼らの子どもを主流文化である日本社会に適合させることにプレッシャーを感じることになります。また，社会福祉サービスの利用者は社会の支配的価値観からは逸脱しているとみられ，社会の周縁に位置づけられ，偏見や差別の対象にされることが往々にしてあります。援助専門職は，自分の個人的な価値観や倫理的判断によって，利用者の行動や態度を批判したり，審判したり

---

(1) F. P. バイステック著，尾崎新ほか訳『ケースワークの原則（新訳版）』誠信書房，1996年。7つの原則は，利用者と援助者との間に結ばれる援助関係の基本的原則として体系化したもの。クライエントの基本的な欲求を基点にして，それに応える援助者の対応として，①個別化，②意図的な感情の表出，③統制された情緒的関与，④受容，⑤非審判的態度，⑥クライエントの自己決定，⑦秘密保持の7つを原則化した。

してはいけません。また，利用者の思想信条，行動，社会的地位，人種，その他がどうであろうとも，利用者を拒否するのではなく，あるがままに受容し，同等に人間の尊厳と価値を認め，諸困難からの回復を援助していくのです。

2 個別的支援

　人間は1人ひとりが特有な個性をもった存在です。私たちは，かけがえのない個人として対応されたいという欲求をもっています。したがって，どのような人間の状況も独自なものであり，1つとして同じ問題はないことを認め，現象の背後にある，その人の痛み，そこに至る事情を理解しなければなりません。たとえば，保護者が「子どもをついたたいてしまう」という現象は同じでも，その背景にあることは十人十色として対応していくことが必要です。こうすることによって，その状況や問題をそれを経験している保護者の目をとおしてとらえ，その人にとって意味のある援助ができるのです。これは人はみな唯一絶対の存在であるととらえる，個人の尊厳の具現化といえるでしょう。援助者は，利用者の世界に入って利用者の思い，感情，痛み・苦しみ・喜びをともなう日常の生活経験を理解することが求められます。利用者のいる場所からスタートすることによって，その人の個別的なリアリティの理解が可能になります。

　子どもは，自分だけをみていてほしいという感情をもっており，自分が友達とは異なっていることを行動で示そうとするものです。保育士がこうした態度で臨むことによって，子どもは自分自身が特有の個性と価値をもった存在であることを実感し，自尊感情が高まり，成長する力が生まれてくるのです。

3 自己決定支援

　自己決定支援とは，援助者が，自己の利益については，利用者自身がもっとも適切な判断者であるということに絶対的信頼をよせ，利用者自身が自らの意思で，熟慮―選択―決定する過程のみならず，決定したことがらを実行する過程を支援することです。この原則は，私たちが，本来独自の人生目標を設定し，人生を設計し，人生行路を歩んでいきたいという欲求をもっていること，同時

に，人はどういった生活を送るのか，どういった場で生活するのかということを選択し，決定し実行する力と権利をもっているということを前提としています。援助者側の論理に基づいてその人の意思を無視して，利用者，あるいは利用者を取り巻く環境を変化させ，一方的にサービスを提供することは，人間の尊厳を無視することになります。

しかしながら，自己決定は無制限に尊重されるものではなく，自己決定が利用者本人自身に不利益を及ぼしたり，他者の権利を侵害することが明らかな場合などは制限されます。重要なことはまず，利用者本人の意思を引き出す働きかけをすること。社会福祉サービス・制度の内容と仕組み，援助の方法や内容について，十分に情報提供をし，その活用を促進していくこと。選択の自由を確保するべく，環境の調整や社会資源の開発をして選択肢を広げ，利用者本人の自己決定の最大限の行使を側面から支えていく活動をしていくこと，です。

4 当事者主体

当事者主体の原則は，問題解決の主体は利用者であるとして，利用者不在の援助を否定し，援助活動の主体に利用者本人を位置づけ，援助者と対等な立場でパートナーシップを形成し，協働作業で活動を展開することです。援助関係は援助者がサービスの利用方法をはじめ，専門的知識があり，サービス活用において実質的な権限をもち，利用者に対してより大きな影響力をもっている非対称な関係です。それゆえ，パターナリズム[2]に陥り，善意の押し売りになる危険性をはらんでいます。それを避けるべく，援助者は，援助方法や予測できる結果についてわかりやすく利用者に説明し，利用者がそれを理解し納得して援助活動を展開しなければなりません。この発想の根底にあるのは，問題をもっともよく知っており，何がもっともよいか決定するのはその人自身であるとい

---

(2) **パターナリズム** 権威主義的・父権主義的温情主義と訳される。専門的知識のもとに，援助者側が主導的に，何が利用者の利益・福祉につながるかを判断し決定すること。援助者側の裁量権が拡大すればするほど，利用者の自己決定を侵害しがちなものであるから，そこには援助者主導のための正当な理由が必要である。

う信念です。援助の方法や内容は，利用者の人生において重要な決定をする場面であり，本来，利用者はそれに参画する権利をもっているはずです。援助者にとっては援助の過程ですが，利用者にとってはまさに人生の場面そのものなのです。援助者は，援助活動の結果とともに生きていくのは本人であることを認識しておかなければなりません。これは，自己決定支援の原則と連動しています。

5 秘密保持

　秘密保持とは，専門的な援助活動を展開するうえで，知り得た利用者に関する情報やプライバシーについて秘密を守り，第三者に漏らしてはならないということです。秘密保持は利用者との信頼関係の基礎であり，協働作業で援助活動に取り組んでいく前提条件です。援助者が秘密を守ってくれると信頼しているからこそ，利用者は隠しておきたいさまざまな葛藤や事情をことばにするのです。また，他機関との連携においては，利用者の利益になることを確認し，利用者の了解を得て，必要な情報に関しては提供することになります。こうした場合，援助者は利用者と秘密を共有することの意味，秘密保持の重要さをよりいっそう認識しておく必要があります。

　個人情報の管理については，個人情報の保護に関する法律に明記されているところですが，保育所保育指針では，保育所の社会的責任の中に，「保育所は，入所する子ども等の個人情報を適切に取り扱うとともに，保護者の苦情などに対し，その解決を図るよう努めなければならない」と規定されています。また，児童福祉法第18条の22に，「保育士は，正当な理由がなく，その業務に関して知り得た人の秘密を漏らしてはならない。保育士でなくなつた後においても，同様とする」と規定しています。さらに，全国保育士会倫理綱領にも，プライバシーの保護があげられています。ソーシャルワーク実践も保育士の実践も，プライバシーに密接にかかわらないと成立しないという側面をもっており，秘密保持は対人援助の専門職としての職業倫理といえます。

4 よりよき援助のために

　日々の実践の根底には，これまで述べたような原理・原則があり，それらは個々に独立したものではなく，相互に関連し補足しあう関係にあります。もちろん，ここにあげた原理・原則がすべてではありません。これらの原理・原則は，援助者の行動の指針ともいえます。それを明文化したものが倫理綱領です。ここで取り上げた原理・原則は，保育士が保育を行うとき，あるいは，保護者の相談に応じるときの姿勢として基本といえるものです。全国保育士会の倫理綱領にも，ここにあげた要素が，保育士の望ましい態度や従うべき行動規範として掲げられています。

　しかしながら，それは唯一絶対の選択を示すマニュアルではないため，援助活動においては，さまざまな制約の中で諸原則の具現化とそれにともなう援助方法の選択においてジレンマに陥ることがあります。社会の支配的価値観観，援助者が所属する機関・施設の価値観，同僚や連携する他の専門職の価値観，利用者の個人的価値観，そして，援助者自身の個人的価値観など，実践をとりまくさまざまな価値観が相互に影響しあっています。これらの価値観の間に葛藤が生じることもあります。たとえば，同僚との間に価値判断の相違が生じたり，利用者の価値観と援助者の価値観に不一致が生じるといった場合があります。また，チームを組んで援助を展開するチームアプローチにおいて，医療・保健，心理，教育職等の専門職が依拠する価値観が一致するとは限らず，隣接領域の保有する価値との葛藤に悩むこともあります。

　保育士の実践においても，価値葛藤が生じることは当然といえます。児童の権利に関する条約第3条は，子どもの最善の利益について規定しています。しかしながら，何をもって，子どもの最善の利益ととらえるのかについて，明確ではありません。また，子どもの最善の利益の尊重と保護者の意思決定が対立することもあり，ジレンマをかかえることがあります。具体的場面としては，子どもへの虐待を打ち明けた母親へのかかわりと，その子どもの保育のありよ

Ⅰ　相談援助と保育

うに葛藤を覚えたり，所属機関である保育所の保育方針と保育士としての活動のズレに悩むことがあるかもしれません。こうした状況に対処するためには，日頃から，仕事の相談ができる同僚や先輩をもち，倫理的な課題について話しあうことが重要です。それが，燃え尽き症候群を防ぐとともに，保育士としての実践力を高めていくことになります。

　加えて，人にはいろいろな価値観があり，いずれも否定されるものではないこと，利用者をあるがままに受容するということを認識していても，それを実践するのはそれほど容易ではありません。客観的な視点といいながら，援助者の個人的価値観が援助過程に影響を及ぼす可能性もあります。援助者自身を援助活動において活用し，利用者の視点を最大限尊重し，よりよい援助を提供するためには，援助者が一個人としての信条，行動様式，パーソナリティや能力，感情のメカニズムや，援助者になった動機づけ，ソーシャルワークの原理・原則の内在化などについて洞察を深め，理解しておくこと（自己覚知）が不可欠です。援助活動における利用者との交互作用過程の中で起こっていることから学びながら，絶えず自己を理解し，意識化する努力とともに，ケースカンファレンス，スーパービジョンなどをとおして自己覚知を促進することが重要です。自己覚知は，保育士にも必要なことであるのはいうまでもありません。

> **本章のまとめ**
> 　ソーシャルワークは目的と意図をもった営みです。「福祉は人なり」といわれますが，援助者がどのようなことを大切にして実践をしているかがきわめて重要です。実践の拠り所となる原理・原則は，保育士の実践にも適用できるものです。全国保育士会倫理綱領を手にとってみてください。「保育も人なり」，保育士の基本倫理をしっかり身につける必要があります。そして，あなたが人生において大切にしていることをことばにしてみましょう。

第3章

相談援助の機能

ポイント

1 ソーシャルワークを成り立たせる構成要素について理解する。
2 ソーシャルワークの機能について理解する。
3 ソーシャルワーカーが果たす役割について理解する。

1 ソーシャルワークの構成要素

　ソーシャルワークが成立するために必要な要素とはどのようなものでしょうか。パールマン（Perlman, H. H.）は，ケースワークの構成要素として以下の4つをあげています。[1]
① 人（person）：問題をかかえ，その解決のための援助を必要としている人（利用者）。
② 問題（problem）：その人（利用者）と生活環境との間に生じている問題。
③ 場（place）：ソーシャルワーカーが所属し，援助活動が具体的に展開される機関・施設。
④ 過程（process）：その人（利用者）とソーシャルワーカーとの間に構築された信頼関係のもとで展開される援助の過程。

　ソーシャルワークとは，何らかの生活問題をかかえている人とソーシャルワーカーが出会い，社会資源を活用しながら，生活問題の解決・緩和にむけていっしょに取り組んでいく過程といえます。ここでは，援助を必要としている人，生活問題，社会資源，援助過程について述べます。

---

[1] H. H. パールマン著，松本武子訳『ソーシャル・ケースワーク──問題解決の過程』全国社会福祉協議会，1958年。

I 相談援助と保育

1 生活問題をかかえ，援助を必要としている人

　ソーシャルワークの対象になる人のことをクライエントとよんでいます。クライエントは何らかの問題に直面し，援助を必要としている個人をさす場合が多いですが，個人だけではなく，家族やグループ，機関や地域社会のこともあります。たとえば，保護者から虐待を受けている子ども，子育て不安を感じている家族全員，子育て支援のサービスを十分得ることができない人たちのグループ，子育て中の世代が住民に多く，保育所待機児童が多い地域などがあげられます。なお，最近では，クライエントに代わって，利用者や消費者などの用語が用いられる場合が多くなっています。本書でも，利用者という用語を使用します。

2 生活問題――ニーズ

　私たちは社会生活を送っていくうえで，充足すべき基礎的なニーズをもっています。ニーズには，辞書では「必要，要求，不足，欠乏，困った事態」といった意味があります。社会福祉におけるニーズは，「人々が社会生活を送るうえで，欠くことのできない基本的な生活要件が充足されていない状態」ととらえることができます。私たちが社会生活を送るうえでの基礎的なニーズは，①衣食住，健康，安全，経済的安定，保護という基本的かつ物理的なもの，②他者から必要とされているという感情，自分が承認されているという感情，帰属意識など，情緒的なもの，③自尊感情，自己信頼などの肯定的自己，④自らのめざす目標の達成などによる充実感，といった異なるレベルから構成されており，これらの諸ニーズは相互に関連しています。そして，私たちは，これらのニーズを充足するために環境にある社会資源を活用していますが，これらのニーズが充足できない場合に生活問題をかかえることになります。たとえば，子育て中のシングルマザーに新たに老親の介護問題が生じたにもかかわらず，子

---

(2) Hepworth, D. H., Rooney, E. H., and Larsen, J. A., *Direct Social Work Practice : Theory and Skills*（6th edition）, Brooks/Cole, 2002, p. 7 参照。

育ての支援を頼める人がいないといった場合，この母親は，養育支援ニーズ，介護支援ニーズ，経済的ニーズなどの複数のニーズが充足できない状態におかれ，複雑な生活問題をかかえることになります。

3 社会資源

　以上のような状況を改善・解決するためには，経済的支援，子どものケアなどの社会資源を適切に活用していくことで，問題解決につなげていきます。社会資源とは，社会的ニーズを充足させ，生活問題を解決あるいは緩和するために活用できる，社会福祉の諸制度，機関，施設，組織など物理的なものと，社会福祉専門職，ボランティアなどのマンパワーなどをさします。社会資源は公的な制度・サービスや社会福祉専門職などフォーマルなものと，家族・友人・近隣・ボランティアなどのインフォーマルなものに分類することができます。こうしてみると，保育士は，子どもや保護者のもっとも身近におり，子どもや保護者にとって第1の社会資源ということができます。

　子育て支援機関の配置，近隣住民の支援体制などといった社会資源の配置状況は，人々のかかえる生活問題や援助活動の過程と結果に影響を及ぼします。したがって，援助展開においては，地域の社会資源の全体像や，その人の資源の活用状況をつかみ，その人のおかれている状況を個別的に理解し，その人の立場に立って考えることが大切です。また，不足している社会資源があれば，開発していくことが求められます。さらに，実際の援助においては，これらの環境（外的）資源とともに，利用者の保有している内的資源（利用者自身の中に存在する熱望，特性，生活の知恵など）を活用していくことが必要です。

4 援助過程

　援助者と問題をかかえている人が出会い，援助が開始され，「アセスメント―計画―計画の実行―評価」を経て終結となる援助活動[3]は，利用者と援助者と

---

[3] 援助過程について，くわしくは第7章参照。

の協働作業で展開されます。援助活動における主役はあくまでも利用者であり，利用者本人の援助過程への積極的参画を促し，問題解決の過程を援助者は側面的に支援するのです。具体的には，生活の主体である利用者自身のさまざまな思いを尊重し，利用者本人が困っている，何とかしたいと訴えている問題，それについての利用者の解釈を傾聴することが求められます。とくに，自発的でない利用者には，問題についての気づきを促し，動機づけを高めることが必要です。また，利用者が感じているニーズと，援助者がその専門性に基づきとらえたニーズが合致するとは限りません。信頼関係を構築し話しあいを通して，ニーズのすりあわせを行い，本当のニーズを特定していくことが大切です。

②　ソーシャルワークの機能

　ソーシャルワークの機能とは，ソーシャルワークの目的・目標を達成するためのソーシャルワークの諸活動のまとまり，「働き」のことです。社会問題・人々のニーズが多様化・複雑化していく中で，人々の社会生活を全体的視野に立ってとらえ解決していくため，ソーシャルワークの機能も多様化し拡大しています。そして，ソーシャルワークの機能を遂行していくのがソーシャルワーカーの役割ですが，ソーシャルワーカーが担う役割は，ソーシャルワーカーが所属する機関・組織の主要な目的・機能によって規定される傾向にあります。保育士にあてはめてみても，保育士としての共通項はあるものの，所属機関によって，実際の活動内容は異なり，所属機関の目的と機能によって遂行する役割の比重は異なります。たとえば，保育所の保育士は，保育や保護者の子育ての相談に応じることが多くを占めるのに対して，児童養護施設の保育士は，子どもの日常生活の世話，心のケアや自立にむけての支援などの比重が高くなります。

　ソーシャルワーカーは通常3つの立場を保有し，それに対応した役割を担っています。第1に，利用者への直接援助活動，第2に機関内での同僚や他職種の職員とのチームアプローチや組織運営，第3に所属機関を代表しての関係機

関との連携です。これについても保育士の場合も同様のことがいえます。

3 ソーシャルワークの基本的機能

ソーシャルワークの機能は、「人」、「人と環境の接触面」、「環境」という枠組みから、基本的に以下の3つに類別されます。

1 人々の問題解決力、発達能力を高め、社会生活力を強化する

人々が、問題解決力や問題に対処する力を高め、さらにそれらをより効果的に活用できるように援助することです。具体的には、人々が社会生活上のニーズを充足するべく、有益な資源を活用する動機づけを高め、ニーズ充足のための考え方をもてるようにすることです。役に立つ法律や制度、サービスなど、さまざまな社会資源について情報を提供し、また、それらを利用できるよう紹介したり、利用を促したりしながら、直接援助の過程が適切に進んでいくように、利用者の積極的参画を促進することになります。これは、利用者のエンパワメント支援といえます。

2 人々と環境との関係を調整し、生活問題の解決や緩和を図る

ソーシャルワークの焦点は、人と環境の交互作用にあります。この交互作用を良好にし、人と環境の適応状態をもたらすことがソーシャルワークの固有性です。つまり、人々とサービスを、サービス提供者と連携をとりながら適切に結びつけることに主眼があります。社会資源の存在や利用方法を知らない人々、あるいは、利用したがらない人々を社会資源に結びつけたり、人々が社会資源を利用することを妨げているものがある場合には、人々と社会資源の供給側との交互作用を促進したり、修正したり、新たに作り出したりするのです。また、人々の生存に必要不可欠な物的資源（金品）の給付を行うこともあります。

3 環境に働きかけ，適切な制度運営を促進したり，必要な制度を創造する

　本来は利用できるサービスが利用できない場合や利用しづらい場合は，サービス提供能力を改善するために，サービス提供者側に働きかけて，人々が利用できるようなサービス内容の改善や運営を促進します。また，必要な制度やサービスが存在しない場合には，制度やサービスの開発を促していくことになります。また，社会的諸施策の改善や開発に貢献することも求められます。

4 ソーシャルワーカーの実践上の役割

　以上のようなソーシャルワークの機能を具体的に遂行していく，ソーシャルワーカーの実践上の役割について説明していきます。

1 人々に直接的に働きかける

（1）直接的援助役割

　問題への対処や問題解決にむけて，主体的かつ積極的に取り組めるように，受容・勇気づけ，助言など，コミュニケーション技法を活用しながら，不安等の感情を緩和し，精神的な安定を図るべく支持的なかかわりをしていきます。利用者の問題対処能力を高めるために，利用者がこれまで生活を営む過程で身につけてきたパターンの変化が必要になることがあります。その場合は，個別面接や，グループワークにおけるメンバー間の相互作用を活用して，変化を促進していきます。また，誰しも，生活困難に陥り，不安をかかえると，自信を喪失し，自己否定感が強くなり，問題解決の意欲や能力が低下してきます。そうしたときに，視点を転換し，危機を好機ととらえ，その人自身の強み・長所に気づいてもらい，内的資源を活性化し，利用者自身が自己実現にむかって一歩踏み出せるように，側面的に支援するのです。その根底には，利用者の変化の可能性，つまり，潜在性への絶対的信頼があります。

　また，ケアを提供することもあります。たとえば，子育てを負担に感じてい

る母親の相談に応じたり，助言をするとともに，買い物・掃除などの家事や，子どもの養育を手伝うことが，物理的な母親の負担を軽減するとともに，信頼関係の樹立につながることがあります。さらに，利用者は，基本的なニーズである衣食住といった生存の基盤が欠如していたり，安全な生活環境の確保ができていない状況におかれている場合もあります。たとえば，保護者から虐待を受けている子どもの場合，生命の危機につながることもありえるので，つねにその子どもに関心をはらい，安全と安心を確保できる環境を整えることが必要です。

さらに，利用者個人の生活を支援するために，家族，友人，知人，近隣などのインフォーマルな人的資源や，民生委員・児童委員，ソーシャルワーカーや専門職がつながって，ソーシャルサポートネットワークを新たに創り出したり，セルフヘルプグループづくりから組織化までを支援し，そのグループへの参加を促進したりします。そうすることによって，社会参加の機会を提供し，社会的つながりを創出し，利用者の社会的孤立を防ぎ，自己肯定感を感じられるようにしていくのです。これは，後に述べるネットワーク形成役割と重なるところがあります。

（2）教育的役割

利用者の問題解決能力や問題への対処能力を高めていくためには，利用者の現在かかえている問題についての認識を深め，あるいは新たに発生するかもしれない問題について見通しを立てることを促すような知識を提供したり，問題解決のための具体的手段を教えていくことが大事です。利用者のニーズを充足するための能力，環境に適応していく能力，たとえば，対人関係をうまくとり結ぶ能力，基本的生活技能，問題発生を予防する能力を維持したり，高めたりするような働きかけをします。さらには，未来図を描き，新たな課題にチャレンジするための技術を教え，自己実現を支えるのです。

具体的には，利用者の権利，活用できる社会資源を得るための手続きなど，利用者が問題に対処していくうえで必要な情報や知識，たとえば，子どもの発

達に不安をもつ母親に対して正確な情報や知識を伝授し，地域における子育てサークルの活動，住民活動などの生活技能や，自己主張，対人関係のもち方を学習する機会を提供していきます。こうして，サービスを主体的に適切に活用する能力や，問題に対処する能力を高めていくことが，利用者の自尊感情や自己効力感を高めることになります。

2 人々と環境の交互作用を促進する

（1）人々と社会資源との調整をする役割

　人と環境との不適合を解決するために，その人とその人をとりまく環境を結びつけ，そこでの交互作用を修正したり，作り出したりして調整していきます。具体的には，家族関係や地域住民相互の関係を調整したり，関係機関や施設，人々やサービス提供者などに働きかけて，利用者が制度やサービスを利用しやすいようにし，利用者がニーズを充足できるように関係を調整することです。関係の改善によって，利用者の生活の質の向上に結びつけるのです。地域生活を支えるためにケアマネジメントの手法が活用されますが，さまざまなサービスの仲介を中心として，生活を総合的・継続的に支援していくのは，社会資源との調整機能の基本といえるでしょう。

　人と環境の関係を調整するレベルは，まず，利用者が必要としているサービスを提供する機関等に利用者をつなぎ，サービスを活用できるように仲介することが第1のレベルです。それは，他機関の紹介や関係機関との連絡調整を含みます。利用者とサービスを提供する機関等との間，あるいは，サービスを提供する機関間に葛藤があるため，適切なサービスが活用できず，仲介ではサービス活用に至らない場合は，利用者と機関との間，あるいは機関間を媒介する，第2のレベルになります。このとき，利用者と家族や近隣との間の葛藤，グループメンバー間の葛藤も媒介の対象になります。たとえば，子育てをめぐって，家族間で意見の不一致がある場合，子ども本人を含めた家族メンバー同士を対等に向きあわせ，関係調整をすることになります。

（2）弁護（権利擁護：アドボカシー）役割

　媒介でもサービス活用に至らない場合，利用者の立場に立って代弁し，サービス供給システムの改善にむけて関係機関に働きかけます。調整の第3のレベルは，弁護といいます。弁護役割は，「環境に働きかけ，適切な制度運営を促進したり，必要な制度を創造する」機能を果たす役割としてとらえることもできます。利用者は，とりわけ，子どもや重度の障害がある場合など，自らの権利を守ることのできない，あるいは自分自身の意思やニーズを表明することが困難な場合や，自分の権利が侵害されていてもその実体を言語化して訴えることが困難な場合が多いのが実情です。そうした場合，利用者の権利と生活を擁護し，最適最良のサービスが利用できるように，サービス提供機関に利用者の権利保障のために申し入れをしたり，その実現にむけて関係組織や関係者に働きかけることになります。たとえば，利用者がサービスの利用を拒否された場合などに異議申し立てをしたりして，利用者の利益を守るために活動します。ただし，可能な限り，利用者に「あなたは，ノーということができるのですよ」と伝えたり，権利侵害に気づいてもらうような働きかけが求められます。これは，個別の利用者の権利を擁護するため，ケースアドボカシーとよんでいます。

　サービス提供者と利用者が対等な関係のもとで，主体的に自分の望むサービスを選択したり，サービス利用の過程で，その利用を中止したり，要望を出すことができることは少ないでしょう。たとえば，苦情解決制度[4]を活用して，苦情を訴えることができない人や，自分の権利が侵害されていることを認識できない人は，何らかのサポートがなければ，その対象にはなりえず，潜在しているままで，問題の発見に至りません。制度・仕組みを機能させる，そこに介在する専門職の存在がなければ，その仕組みは機能しないのです。たとえば，短

---

[4] **苦情解決制度**　福祉サービスの利用に際し，当事者間で問題が生じたとき，それらを解決する方法の1つとして社会福祉法に規定されている。同法第82条では，すべての社会福祉事業の経営者は利用者からの苦情の適切な解決に努めなければならないとしている。その目的は，適切なサービスの利用の促進と，虐待防止や利用者個人の権利を擁護することにある。

期緊急保育の利用要件に該当しないという理由で，利用できないとき，ニーズや利用の妥当性を行政などに訴え，利用できるように援助します。こうした場合も，保護者との信頼関係を基盤として，保護者本人の意思を確認し，保護者に十分説明したうえで同意を得て保護者とともに取り組む必要があります。

3 環境に働きかける

（1）機関等の運営管理役割

それぞれの機関や施設は，それぞれの目的に沿って機能するべく，業務内容や業務計画を策定し，効果的かつ人道的なサービス提供のために運営され，管理がなされなければなりません。ソーシャルワーカーは，自身の所属する機関に，利用者の問題解決や緩和，あるいはニーズ充足を妨げている状況がある場合は，その要因を分析し，組織の運営の改善やサービスプログラムの改善に努め，サービスを利用する側にとって質の高いサービスの提供を図っていくことが求められます。機関内外の既存の社会資源を活性化させたり，新しいサービス内容・プログラムの計画立案をしたり，人材や資金の調達をすることもあります。この活動が，関係機関の連携・協働のあり方などの変革を求める働きかけにもつながっていきます。

（2）ネットワーク形成役割

地域での自立した生活を支えるためには，地域を基盤として，在宅福祉サービスのみならず，保健医療サービスを提供する機関や施設間で，さらには，専門機関だけでなく，民生委員・児童委員，地域住民による組織やボランティア団体など非専門的組織がネットワークを構築し，効率よくサービスを提供することが必要になってきます。そして，1人の利用者の直接的援助活動における個別ネットワーク形成にとどまらず，地域社会に相互援助ネットワークを形成し，地域社会の組織化を支援しながら，地域社会の問題解決力を高めていくことが期待されます。そのために，ソーシャルワーカーは積極的に地域に出向いて働きかけ，地域に存在する機関・組織間の連絡調整を行い，協働的ネットワ

ークづくりをしていく必要があります。2004年の児童福祉法の改正により，児童虐待などへの対応として，「要保護児童対策地域協議会(5)」の設置が進められていますが，これは，関係機関で構成される児童虐待防止ネットワークといえます。

（3）公的政策の改善・開発機能

人々の生活上のニーズを充足するための制度，サービスなどの社会資源が，一般社会や地域社会に存在しない，あるいは不足している場合に，行政や企業を含む地域の関係機関や住民等に働きかけて組織化を行い，自治体等の新しいサービスの創設を図っていきます。ここでは，コミュニティワークの実践方法の活用が有効です。また，こうしたサービス創設を図っていくために，ソーシャルワーカーは，社会福祉調査を実施し，その地域の人口構造や文化，歴史的背景，福祉活動の状況などの地域社会の特質や，ニーズと社会資源の整備状況を把握することが前提となります。その結果に基づいて，住民の地域福祉問題に対する積極的な関心や参加的態度を開発し，地域住民を巻き込んで，社会資源の整備を計画的に実施していくのです。さらに，自治体等の社会福祉政策の決定過程に参画し，自治体等が進めているプログラムの立案・法案等について，利用者の立場から発言することも必要です。また，1人の援助者の取り組みでは限界もあるので，専門職団体の活動をとおして，政策立案にかかわっていくことが求められます。

（4）運動（権利擁護）の役割

社会的に不利な立場にいる人たちの人権保障のために，法制度の整備を図り，一般社会の意識の変革をめざしていくことをコーズアドボカシーとよんでいま

---

(5) **要保護児童対策地域協議会** 虐待を受けた子どもをはじめとする要保護児童に対する市区町村の支援体制強化を図るための地域ネットワークのことで，2004年の児童福祉法の改正により法定化された。関係機関が連携し，共通認識のもとに役割分担しながら，地域における児童虐待の防止，要保護児童の早期発見や保護，援助に取り組んでいる。

す。基本的には，利用者個人に対するケースアドボカシーが起点となり，その蓄積によって明らかになったサービスや制度の不備に対し，社会的な広がりをもって，特定のニーズをもつ人たちにサービスをもたらすように活動していくことになります。特定の利用者集団，階層，地域が，他の市民と同等の社会生活を享受できるように変革するために活動していくのです。それは，ソーシャルワークのミッションである社会正義の実現でもあります。利用者のかかえる課題の背景にある社会的要因を明確化し，当事者・一般市民を巻き込んで，その解決のためのソーシャルアクションを起こし，行政や司法への働きかけに取り組んでいく権利獲得の方法といえます。1960年代に全国的に展開した保育所増設運動は，この代表的な活動です。

　具体的には，状況改善のための人々の組織化や行動化――セルフヘルプグループの組織化やその活動――を支援したり，地域社会が政治的活動力をつけるのを支援したりします。たとえば，メディアへの働きかけ，地域社会において影響力をもつ人たちへの働きかけ，デモンストレーション，法律や制度施策の改正や新設を実現するためのロビー活動，訴訟の提起など，当事者の政治的活動を支援したりします。権利擁護は，利用者のためにという側面が強いという印象をもつかもしれません。しかし，あくまでも，利用者のために支援することが起点になったとしても，その活動は利用者とともになされなければなりません。そして，自己決定支援のための一道具であり，利用者自身のもっている力を奪ってはならないことはいうまでもありません。

⑤　実践を支える研究・教育機能

　これまでみてきたように，ソーシャルワークの機能は，直接的援助から，資源との調整，弁護，機関等の運営管理，公的政策の改善・開発，運動などの機能まで幅広いものがあります。また，これらの機能は相互補完しながら，ソー

---

(6) スーパービジョンについては，第5章（p.65），第8章（p.100）参照。

シャルワークの目的を達成するといえます。そして，これら以外に，専門職としての実践力を高めていくための機能があります。ソーシャルワーク実践の効果測定を含む評価についての研究などに取り組み，実践の質を高めていくことが重要です。また，ソーシャルワーク実践理論構築のための研究活動や，人材育成，専門性の維持向上のための研修活動やスーパービジョン，さらに，専門職団体の組織化を図っていくことが求められます。こうした活動は，いくつもの顔をもつソーシャルワーカーがその役割を遂行するのを支えることになります。

以上，ソーシャルワークを成り立たせる構成要素をとらえたうえで，ソーシャルワークの機能の概要を述べてきました。もちろん，保育士がこれらの役割のすべてを遂行するわけではありません。しかしながら，こんにち，子どもとの対面的なかかわりを通しての保育にとどまらず，保護者の相談に応じたり，関係機関と連携したり，地域に出向しての活動が保育士に求められています。子どもや保護者がかかえている問題をキャッチしやすい位置にいる保育士が，ソーシャルワークの機能を学んでおけば，自らその一部を活用することもでき，ソーシャルワーカーという社会資源を有効に活用することができます。それが，子どもと保護者の福祉の促進に役立つことはいうまでもありません。

本章のまとめ

相談援助は他者の生活の過程に加担していく営みです。子どもは，家族や地域社会とのかかわりをもった存在であり，子どもや保護者が家庭や地域で生活していることをふまえておく必要があります。その認識があれば，人に直接的に働きかけるだけでなく，人と環境との関係を調整したり，環境に働きかけるというソーシャルワークの機能を学んでおくことが，保育士の実践において有意義であることが理解できると思います。

第4章

保育士の役割と相談援助

・・・

> ポイント
> 1 保育士に相談援助が求められる社会的背景を理解する。
> 2 相談援助の目的を理解する。
> 3 相談援助の視点を理解する。

1 相談援助が求められる背景と目的

1 児童福祉現場において相談援助が必要とされる背景

　保育士として活躍できる現場は多様です。保育所以外にも児童養護施設，乳児院，障害児施設，児童館，児童相談所の一時保護所などがあげられます。各施設において保育士に求められる役割はそれぞれ異なりますが，相談援助の必要性はどの現場においても共通しています。

　近年，保育士は相談援助に関する知識や技術の体得が，ますます求められるようになってきました。地域や家庭の変化にともない家庭を支援することや，他機関との連携により子どもの育ちを保障することの必要性が高まり，そうした実践の根底に相談援助という考え方が存在します。近年，児童福祉現場において相談援助が必要とされる背景は表4-1に示すように，4点に集約して考えることができます。

　第1に，「①地域・家庭状況の変化」にあるように，地域におけるインフォーマルな養育支援機能の低下にともなう，家庭養育の困難性をあげることができます。近隣や親族といったインフォーマル資源による支援機能が低下する一方で，家庭における養育負担が増加傾向にあります。孤立化した育児状況にあ

表4-1　児童福祉現場において相談援助が必要とされる背景

社会状況	内　容
①地域・家庭状況の変化	・インフォーマルな養育支援機能の低下 ・家族の閉鎖・孤立化
②養護児童の状況変化	・実親が存在する養護児童の増加 ・実親と子どもとの関係統合を視野に入れた実践の要請
③保護者による虐待の顕在化・増加	・予防的視点からの子育て支援の必要性 ・事後対応としての介入型援助の必要性
④施策動向	・子育て短期支援事業，乳児家庭全戸訪問事業，養育支援訪問事業，地域子育て支援拠点事業，一時預かり事業などの新たな事業の適切な提供 ・児童家庭支援センターなどの新たな機関の設置 ・児童福祉法・児童福祉施設の設備及び運営に関する基準改正に基づく子育て支援・家庭環境の調整の要請 ・次世代育成支援施策からの要請

る保護者のわが子や育児に対する否定的感情の顕在化や，核家族世帯における共働きの一般化にともない，精神的にも物理的にも社会が家庭養育を支援するという考え方が，社会的に要請されてきました。保育士は各現場においてこうした保護者の状況をふまえ，子どもを支援する視点をもつ必要があります。

　第2に，「②養護児童の状況変化」にあるように，児童養護施設や乳児院といった社会的養護の場において生活する多くの子どもたちに，実親のいずれかが存在することから，社会的養護の場において，家族の再統合を目的とした家族支援が，重要な実践として位置づけられるようになってきたことがあげられます。施設において子どもたちを支援する保育士はそうした親の状況に配慮し，個々の子どもに個別的に関与する必要があります。

　第3に，「③保護者による虐待の顕在化・増加」にあるように，1990年以降家庭内における子どもへの虐待が顕在化し，それへの支援や介入が重要なテーマとして取り上げられるようになってきたことがあげられます。保育所においては虐待の発見とその後の支援において重要な役割が期待されるとともに，親子分離後に子どもが生活する施設では，子どもの生活上のケアや家族再統合に

Ⅰ　相談援助と保育

むけた家族支援が求められます。

　第4に,「④施策動向」にあるように,第1から第3の状況をふまえ,相談援助を視野に入れた新たな社会的施策が新設されたことや,児童福祉法に家族支援に関する新たな規定がなされたことがあげられます。前者の例としては乳児院,児童養護施設,情緒障害児短期治療施設,児童自立支援施設における家庭支援専門相談員(ファミリーソーシャルワーカー)[1]の配置をあげることができ,後者については子育て短期支援事業[2],乳児家庭全戸訪問事業[3],養育支援訪問事業[4],地域子育て支援拠点事業[5],一時預かり事業[6]などの在宅福祉サービスなどをあげることができます。

　また,市町村による子育て支援の実施や子育て支援に関する情報提供が,児童福祉法に規定されました。児童福祉施設の設備及び運営に関する基準においては,子どもの自立を目的とした家庭状況に応じた家庭環境の調整義務について規定されました。また新たな機関として児童家庭支援センターが児童福祉法に規定されました。保育士の役割は各現場において多様化してきているといえます。

　さらに近年,次世代育成支援という観点から,企業および自治体における行動計画の策定が次世代育成支援対策推進法に規定され,社会全体で各家庭における子育てを支援する必要性が改めて強調されたことがあげられます。

　一方子どもに目を向けると,それまでの生育環境や現在の家庭環境を視野に入れ,子どもをケアする必要性が高まってきたといえます。地域や親族関係の希薄化は親による子どもへの影響度を高めていると理解できます。すなわち親

---

(1)　**家庭支援専門相談員(ファミリーソーシャルワーカー)**　入所している子どもの保護者等に対し,児童相談所等との密接な連携のもとに家族再統合を可能とするための支援を行う専門職。

(2)　**子育て短期支援事業**　養育が困難となった場合,一時的に子どもを児童福祉施設等で預かるショートステイ事業と,保護者が就労等のために帰宅が遅くなる場合に,子どもを児童福祉施設で夕方から夜にかけて預かるトワイライトステイ事業がある。実施主体は市町村。

(3)　**乳児家庭全戸訪問事業**　生後4カ月までの乳児のいるすべての家庭を訪問し,さまざまな不安や悩みを聞き,子育て支援に関する情報提供等を行うとともに,親子の心身の状況や養育環境等の把握や助言を行い,支援が必要な家庭に対しては適切なサービス提供につなげる事業。通称「こんにちは赤ちゃん事業」とよばれている。実施主体は市町村。

の経済格差や親による養育の違いが子どもの発達格差につながっていく傾向を生み出しています。現在不適切と思われる養育環境での生活を強いられている子どもたちが存在し，保育所などでは他機関と連携して子どもを支援することが求められています。保育士は相談援助に関する技術や理論を援用しながら地域における機関と連携し，子どもや親へのケアを提供する必要があります。

　児童養護施設など入所型施設では被虐待児が半数以上を占める状況の中で，子どもへの治療的ケアが日常生活の中で保障される必要があります。保育士はまず子どもに対し，ごく普通の生活を提供することが重要です。一定の生活リズムと保育士による気遣いに基づいた日常生活ケアを提供すること自体が子どもの自尊心の回復や自律心の体得につながります。また親への支援と家族再統合を視野に入れた対応が強く求められています。次にこうした家族再統合のあり方についてみていきましょう。

2 分離後の家族再統合

　児童の権利に関する条約第9条第1項では親子不分離の原則を規定し，第18条は，子どもを養育する第一次的責任が父母にあり，国は父母がその責任を遂行できるよう適切に援助しなければならないとしています。また児童福祉法第2条は，国と地方公共団体は子どもの保護者とともに，子どもを心身ともに健やかに育成する責任を負うとしています。こうした規定に基づけば，親子分離以前にそれを予防するために，親への支援を社会的に提供しなければなりません。しかしながら，子どもの安心かつ安全な家庭環境を保障できない場合，親

---

(4) **養育支援訪問事業**　育児ストレス，産後うつ病，育児ノイローゼ等の問題によって，子育てに対して不安や孤立感等をかかえる家庭や，さまざまな原因で養育支援が必要となっている家庭に対して，子育て経験者等による育児・家事の援助または保健師等による具体的な養育に関する指導助言等を訪問により実施することで，個々の家庭のかかえる養育上の諸問題の解決，軽減を図ることを目的とした事業。実施主体は市町村。

(5) **地域子育て支援拠点事業**　地域において，①子育て親子の交流，②子育て等に関する相談の実施，③地域の子育て関連の情報提供，④子育ておよび子育て支援に関する講習等の開催等を実施する事業。実施主体は市町村。

(6) **一時預かり事業**　保護者がパート就労等で断続的に就労している場合や，保護者の疾病・災害・看護・冠婚葬祭等で，一時的に保育が必要な場合に保育所等で預かる事業。実施主体は市町村。

子は分離され，その後において子どもと親の関係継続を視野に入れた支援を提供する必要があります。

　児童の権利に関する条約第8条は子どもが家族関係を保持する権利について，また第9条第3項は親から分離された子どもが，定期的に父母と人的な関係や，直接の接触を維持する権利を規定しています。

　自己肯定感は「出生家族について知ること」「過去の人間関係について知ること」「現在を過去と折り合わせること」「過去の重要な人間関係を適切に保つこと」で得られるとされています。家庭復帰の可能性にかかわらず，各親子の状況に応じた適切な親子関係の継続が，子どもの精神的支えとなる場合が多いです。実親子関係の維持は子どものアイデンティティや自己肯定感の形成に寄与し，その後の自立過程に大きな影響を与えると考えられます。したがって子どもと家族との関係を扱うことは，子どもの自立支援過程において必要不可欠であり，こうした認識に基づけば，子どもの自立支援の一環として家族支援を位置づけることができます。

　現在，施設や里親のもとで生活している子どもの多くに両親のいずれかが存在しますが，家庭復帰や親子関係の継続は困難な状況にあります。本来的には児童相談所が中心となって家族に関与し，実親子関係が継続することが望ましいといえます。しかし児童相談所では児童福祉司の担当ケース数は多く，地域によっては担当地域が広範囲に及び，また採用や転勤の問題などから専門性に基づいた実践の蓄積が困難です。また里親家庭では長期養育を前提として委託されている里親自身が，子どもと実親との交流を望んでいない場合が多く，児童相談所もあえてそうした交流努力をしないのではないかという指摘もあります。施設も子どもの日常生活ケアに追われ，なかなか親とかかわりをもち，親への支援を継続することは困難な状況にあります。こうした状況の中で実親子関係が希薄化，あるいは喪失したまま社会へ出ていかざるをえない子どもも多いといえます。

　親子分離後は結果的に家庭復帰できればいいのですが，あくまで子どもの自立支援過程において家族へのかかわりが必要であるといえます。家族再統合が

必ずしも子どもの家庭復帰を意味しません。種々の援助を提供して分離している子どもと家族との関係を再構築していく過程で最適とされた統合形態が，その家族にとっての再統合の形であるととらえられます。その形は完全な家庭復帰から，毎週末や長期の休みに定期的に外泊する形の部分的復帰，面会，外出，外泊，電話，手紙などで，家族の一員であることを確認できる程度の接触までさまざまです。保育士はそうした過程において，子どもの親に対する揺れ動く気持ちに寄り添い，現実を伝えていく必要がある場合もあります。

　親子がともに暮らすというあり方だけを考えるのではなく，親と子どもがよりよい関係でつながり続けることを考慮し，それを家族支援の意義としてとらえることが大切です。また家庭復帰できなくても家族との関係継続は，先に述べたように子どもの自立を支える子ども自身のアイデンティティ形成や，精神的支えとして重要です。完全な家庭復帰が無理な場合，実親以外の血縁を超えた養育者との関係性が子どもにとって必要であり，そうした関係性の提供は，社会的責務といえます。

　親子の再統合が困難な子どもに対しては，一貫した養育者と個別的関係を継続できるよう，里親委託をできるだけ速やかに検討し，それが困難な場合，できるだけ職員の一貫性を確保し，家庭的な施設環境のもとで生活することが望ましいでしょう。

3│相談援助の目的

　さまざまな要因から人々は多様な課題をかかえます。通常人間はそうした課題に対処しつつ生活しています。相談援助は人々が課題に対応できるよう側面的に支援することです。人々の個々の課題を理解しようとする姿勢をもち，人々が課題に対処し意欲や希望に裏づけられた生活を継続できるようにすることです。

　人々は課題が深刻化し，生活意欲の喪失状況に陥ることもあります。生きていくうえでもっとも重要な生活動機の喪失状況です。たとえば暴力や経済的貧困下での生活を強いられてきた親や子どもは，自分がそうした環境で生きるこ

とが当然の人間でしかないという認識をもつ傾向にあります。したがって将来的希望や意欲をもち，自身を大切にして生きる感情（自尊感情）をもって生活することが困難となる傾向にあります。

　自尊感情の回復がなされることにより，生活意欲が回復するととらえれば，まずその自尊感情の回復を意図した実践が重要となります。自尊感情や生活意欲は人々の内面に潜んでいる力（潜在力）で，そうした内在的潜在力をいかに回復できるかが相談援助において問われなければなりません。自尊感情の回復のためには，①聴いてもらえた，わかってもらえた，自らの存在が認められた，無条件に受容されたという自己肯定感を得ること，②人のために自らが役立っている，必要とされているという自己有用感を得ること，③物事を成し遂げた，何かができるようになったという自己達成感を得ることが必要です。とくに①では，感情を共有できる安心感のある場との出会いや，いい分に耳を傾けられ，無条件に受容されたという実感をもつことが必要です。そうしたことにより自己肯定感をもてるようになり，人間への基本的信頼感を育み，将来への生きる力を喚起することが可能となります。また②や③の実感をもつためには，さまざまな役割遂行や経験を積み重ねることが必要であり，そうした体験との橋渡しをすることも重要といえます。

② 相談援助における家族支援

1 実践の視点

　子どもや保護者を支援するうえで，家族という視点は必要不可欠です。先に述べたように，地域関係などが希薄化する中で，ますます家族が子どもに与える影響が増しています。家族への支援方法をいくつかのキーワードで示すと，「はなれる」「ひらく」「つながる」「くわわる」「とりもどす」と表現できます。

　「はなれる」とは親子が一時的，継続的に個別に過ごすことを意味します。親子の状況に合った関係統合のあり方を模索することが重要です。「ひらく」

とは家族内の実情を家族外に開示し，支援の連携を図ることを意味します。「ひらく」ことにより課題を継続化させていた家族内システムを変化させることが可能となります。「つながる」とは個々の家族員と家族外の人や社会資源との新たな関係形成を意味します。「くわわる」とは自らにかかわりのあることを決定する過程に自らが参画することを意味します。「とりもどす」とはこの一連の過程で家族員が自らの潜在力を実感し，自尊感情，自信，意欲などを回復することを意味します。これらの過程を社会的に保障することこそが，家族の生活再生につながっていくと考えられます。

　クライエントを治すといったイメージは，いわば近代主義的な誤った発想であり，重要なのは本人が日常の関係性の中でどうつながりをもつかです。このように考えれば，つながりの再生に向けた動機づけが，現在の相談援助実践に強く求められている機能といえます。人間はつながりといえる人的ネットワークを通して支えられる必要があります。自然発生的コミュニティが機能しにくい中で，家族を支える意図的コミュニティを社会的に創り出す必要があるとともに，家族を支えるつながりを社会的に形成することが重要です。家族支援はそうしたつながりの再生をもっとも重要な機能としています。

　しかしながら生活上の課題について，こうしたつながりに基づいた自尊感情の回復という，いわば「心」の回復ですべて解決できるとはいえません。たとえば子どもを虐待する親へは経済的支援が必要な場合もあります。たしかに経済的問題への視座は必要であり，経済的支援を中心とした物理的支援は重要です。しかし継続的に放置されてきた人が，物理的支援だけで回復することもまた困難です。その支援過程において，当事者の主体性を引き出すためには，そうしたことを可能にする心理的支援をも模索する必要性はいうまでもないでしょう。

　児童福祉法第48条の3第1項は，「保育所は，当該保育所が主として利用される地域の住民に対してその行う保育に関し情報の提供を行い，並びにその行う保育に支障がない限りにおいて，乳児，幼児等の保育に関する相談に応じ，及び助言を行うよう努めなければならない」とし，第2項では「保育所に勤務

する保育士は，乳児，幼児等の保育に関する相談に応じ，及び助言を行うために必要な知識及び技能の修得，維持及び向上に努めなければならない」と規定しています。これを受け保育所は保育所機能の地域社会への開放，子育て相談の実施，親同士の交流の場の提供，子育て支援情報の提供を行うように努めています。

保育所保育指針では，保護者支援の重要性について指摘され，職員間の連携を図りながら積極的に取り組むことが求められています。子育て等に関する相談においては，保護者の気持ちを受けとめ，相互の信頼関係を基本に，保護者の意向を尊重する必要があります。地域における子育て支援に関する資源を積極的に活用し，子育て支援関係機関との連携や協力を図ることは重要です。具体的には市区町村の担当課や相談機関，民生委員・児童委員（主任児童委員を含む），地域子育て支援拠点事業（センター型，ひろば型，児童館型），市町村保健センターなどの関係機関との連携です。こうした連携は保育所に通所している子どもをもつ保護者だけではなく，地域に居住する子どもの保護者に対しても必要です。

2 保護者へのまなざし

序章で述べたように，近年，社会的には保護者責任が強調される傾向にあります。養育に対する意識が低い保護者に対する批判的なまなざしも強化されてきています。その背景には，家族外でインフォーマルに子どもの養育に関与する人が減少してきていることがあげられます。子どもが地域で育つ必要性や，社会的子育て観の必要性が強調される一方で，現実には家族や保護者の責任が強調されているととらえることができます。

過剰に要求する保護者を「モンスターペアレント」とレッテル化し，問題ある保護者というまなざしを強化することもあります。人格的にあるいは精神的に課題をかかえる保護者に対しても，レッテル化がなされ，援助者の課題や関与の方法を棚上げし，子どもの課題要因を保護者に求めることもあります。こうした状況では，援助者は保護者と信頼関係を形成できず，保護者と対立関係

を強めることとなります。保護者の課題の背景にある社会的要因などを視野に入れ、保護者が課題をかかえざるをえない状況への共感に努め、保護者に関与する必要があります。

3 ストレングス視点に基づいた協働アセスメント

　当事者の課題や懸念事項、すなわちリスクだけに焦点をあてるのではなく、強みやうまくいっている点、すなわちストレングスにも注目し、どうなればいいのかについて当事者と専門職が協働して話しあう過程の重要性について指摘されています。またアセスメントについて社会資源の状況を優先させて、その状況にあわせて子どもや保護者の状況を理解する問題点についても指摘されています。こうしたアセスメント理解は「サービス指向のアセスメント」とよばれています。一方、子どもや保護者をサービスにあわせるのではなく、それらのニーズに焦点をあてて必要なサービスを創り出していく視点の重要性についても指摘されています。こうしたアセスメント理解は「ニーズ指向のアセスメント」とよばれています。

　「私たちが心配していること（懸念・問題）」「うまくいっていること（強み）」「どうなればいいのか（希望・目標）」を子どもや保護者、専門職、その他の関係者が各立場から明らかにし、協働して援助計画を立てます。この3つの事項はアセスメント項目としてとらえられ、それに基づき「どうなればいいのか（希望・目標）」への道筋、すなわち必要な支援を明らかにしたものが援助計画ととらえられます。

　こうした過程が当事者のエンパワメントを促すと同時に、援助者自身にとってもより正確な情報に基づいたアセスメントと援助計画の作成が可能であるというメリットがあります。うまくできていたこと、これまでがんばって生活してきたことへのねぎらいや課題が回復した場合の生活をイメージできる質問（ミラクル・クエスチョン「もし回復できたとしてどんな生活をしていると思いますか」）などの活用が効果的であるといえます。

　入所施設では、保育士は他の職員と連携して自立支援計画や援助計画を作成

する必要があります。また保育所においても相談援助計画の作成が求められています。こうした視点に基づいた実践を具体化することが要請されているといえます。

> **本章のまとめ**
>
> 　児童福祉現場において，相談援助が求められる背景やその目的をふまえて実践に関与することが重要です。人々は生活するうえで，生きる意欲や希望を必要とします。意欲や希望は人とのつながりの中で獲得する傾向にあります。保育士として相談援助に関与するうえで，そうした出会いを提供できる方法を考えることは，相談援助において重要な業務の1つといえます。

第 5 章

子どものケアと相談援助

● ● ●

> ポイント
> 1 聴く姿勢をもつことの重要性について理解する。
> 2 子どもの脆弱性と同時に，強さにも着目する視点を培う。
> 3 保育士自身のケアの必要性について考える。

1 相談援助の視点

　近年保護者の養育責任が強調され，保護者の所得や養育態度が子どもに与える影響が高まっています。子どもには罪がない世帯間の格差を是正することは，社会的に重要であり，それは相談援助の目的の1つに位置づけられます。貧困による学習権の侵害状況や，虐待による生きる意欲の喪失状況といった課題を背負い込んだ子どもの回復的支援をまず考えなければなりません。養育上の問題をかかえた世帯や，低所得層が一般化し，社会的支援を緊急に要する世帯や，緊急ではないが何らかの社会的支援を要すると考えられる世帯が拡大する中で，近年とくにそうした世帯への対応を考えることが喫緊の課題となってきています。以下では子どもに焦点をあててその援助のあり方を中心に述べます。

1 「弱さ」と「強さ」への着目

　子ども虐待の顕在化により，それが子どもに与える影響に関する研究がなされてきました。たしかに，こうした体験は子どもの心に大きな傷跡を残し，その後の人生にも大きな影響を与えます。子どもは社会的に脆弱な立場にあり，社会や家族のかかえる課題の影響を受けやすいといえます。子どもという時期そのものが脆弱な時期といえるでしょう。そのため子ども期が固有の時期とし

I 相談援助と保育

「子ども時代の体験は後の人生に大きな影響を与える」
脆弱性への着目

↕

「子ども時代の体験は後の人生に大きな影響を与えるといわれるが，そんなものに人の一生が規定されてしまうほど，人生の可能性は閉ざされてはいない」
レジリエンス，ストレングスへの着目

図5-1　子どものとらえ方

て尊重され，さまざまな配慮がなされています。子どもへの暴力は子どもの生きていく意欲や希望を奪い，子どもの自己否定感や人に対する不信感を強め，その後の人生において，とくに対人関係上に問題をもたらします。近年，子ども虐待を非行との関係でとらえる研究もなされており，非行要因の中に虐待も位置づけられています。

　しかしながら，子ども時代の体験は後の人生に大きな影響を与えるといわれますが，そんなものに人の一生が規定されてしまうほど，人生の可能性は閉ざされてはいないともいわれています。人間の潜在力といえるレジリエンス（困難な状況に対応したり，困難な状況から回復する精神的力）やストレングスという視点も提示され，子どものもつ強さについて論じられてきました（図5-1）。『「傷つきやすい子ども」という神話』（U. ヌーバー著，丘沢静也訳，岩波書店，1997年）という書物は，子ども時代に受けた傷が，その後の人生に決定的な影響をもつとする広く流布した考え方の誤りを指摘し，逆に人がいかに豊かな可能性をもつか，人生がいかにチャンスに富んだものであるかを明らかにしています。

　これら言説を統合し双方の視点をもって子どもに関与することが重要です。以下では，その関与の基本にある価値観に関する議論を中心にみていきます。

2 │「時間の共有」と相談援助

　相談援助ということばには，それを行う者の立場が強調されています。ある

行為が援助に値する行為であるかどうかは，それを受ける者の評価が重要な意味をもちます。しかしながら自分に対してなされた行為を，正確に評価できるものでもありません。そこでは援助者側と被援助者側双方の評価という視点や相互に理解しあうという視点が重要です。

相談援助において，対象者の変化や効果が感じられないことは多々あります。相談援助に代えて「時間の共有」ととらえる方が相互に意味があるように感じられる場合もあります。相談援助が目に見えて人を変えるほどの影響を及ぼすことはないかもしれませんが，時間を共有したという記憶は残り，人生に意味をもたらすこともあります。人間はある意味，思い出を拠り所に生きている側面があり，「時間の共有」を通して，思い出づくりがなされ，ときにはそれが心の拠り所となることを願って関与する方が効果的な場合もあります。人間の変容性を信じつつも，それを求めないということが重要であるといえます。

3│子どもと養育者との関係と相談援助

イギリスの児童精神科医ウイニコット（Winnicott, D.）は「doing」と「being」という概念を提示しています。働きかけといえる「doing」だけでなく，ともにあること「being」の意義を提示しています。相談援助では，援助者の「doing」が強調される傾向にありますが，ともに一緒にいるだけで意味がある場合もあります。また子どもは物理的に一緒にいるだけでなく，主たる養育者と愛着関係を形成することで，養育者の物理的不在を心の存在（「being」）に置き換えて，時間を過ごすことができるようにもなります。この心の存在は心理学では「内的ワーキングモデル」とよんでいます。ウイニコットはこうしたことを「子どもは誰かと一緒のときひとりになれる」と表現しています[1]。

「being」が可能となるためには，子どもが主たる養育者に対して徹底して甘えられることが必要です。ある意味，子どもにとって絶対的権力者でもある主

---

(1) D. ウイニコット著，橋本雅雄訳『遊ぶことと現実』岩崎学術出版，1979年。

たる養育者は，だからこそ徹底して甘えられる対象とならなければなりません。権力者の顔色を気にし，その権力者の目が自らを律する基準となることは，その子どもの自立を阻害するといえます。なぜなら，倫理・道徳観を身につけ，主体的にそれを守るということではなく，あの人が見ているから，あの人に怒られるからという認識に基づき行動することとなり，そうした状況では主体性を形成することが困難となるからです。しかし一方で，自らが信頼している人の思いを大切にして生きようとすることは，子どもの発達上必要不可欠であるともいわれます。「自分の大切な人が悲しむようなことはやめておこう」という思いが逸脱を防止するといったようなことです。権力者ではなく，信頼できる人の思いを大切にするということは重要であるといえます。

養育者による受けとめられ体験が不十分な場合，子どもは社会への信頼が希薄となり，意欲や「努力すれば報われる」という感覚を身につけたり，自己統制を図ることが困難となります。また被虐待体験やいじめなどの暴力により，子どもは自己否定感をもち，自らへの人権意識や権利意識を希薄化させることもあります。

人権意識や権利意識とは，自らを大切にするという心のありようです。そうした心のありように基づき行動することが本来人間には求められます。しかしながら，慢性的暴力が潜在化・継続化・深刻化することで，無力化状態となり，そうした思いや行動をとることが困難となり，助けや支援を求める声をあげることも困難となる傾向にあります。むしろ自らを傷つける方向で行動する傾向にあります。それが非社会的・反社会的行動として表出されることで，ますます孤立感や自己否定感を強化するという悪循環に陥ります。

こうした悪循環を断ち切り，いわばエンパワメントのサイクルに転換できるよう，側面的に関与することが相談援助の目的とするところです。子どもが安全かつ安心できる環境のもとで，信頼できる人とのかかわりにおいて「話を聴いてもらえた」「無条件に受け入れられた」「自分のことを大切に思ってくれている」という実感を子ども自身がもてる環境を保障することが相談援助の目的といえます。そうした過程を通して，子どもは生きる力といえる自尊感情を回

復することができるといえるでしょう。

4 | 聴くことの大切さ

　子どもや保護者自身がかかえる言い分を無条件に受容する過程は回復過程においてもっとも重要なことです。受容するとは言動を認めるのではなく，そうした言動の背景にある感情に共感し，受け入れようと努める態度を意味します。そうした過程が保障されることで，人への基本的信頼感を育み，将来への生きる力を蓄えることができるといえます。困難に遭遇したとき，人は，「このままでの形では自分自身や現実を引き受けられない」「私には責任がない」という思いをかかえながら，あらゆる行動をもってその責任がないこと（イノセンス）を表出するといわれます。このイノセンスが表出され肯定的に受けとめられることが現実の状況を引き受けるためには大切です。

　ある児童養護施設入所児の話では，それまでの生育環境から，社会から必要とされず，自分のことを気にかけてくれる人がいないといった思いを，反社会的行為でもって発散していたといいます。こういった子どもたちは自尊感情，共感性，生活意欲，自己統制力の4つが損なわれている傾向にあります。すなわち自尊感情が育まれなかった彼は，他人を思いやることなどできず，むしろ他人を傷つけることで生き延びてきたといえます。将来に希望や意欲をもって自己統制して計画的に生活していくことも困難です。しかし自分の話を否定せず，真剣に向かいあい聴いてくれた保育士との出会いで変わるきっかけを与えられたといいます。

　聞き流すでもなく，避けるのでもなく，むかいあい聴いてくれる人との出会いが人の人生を変える可能性をもっているといえます。いいかえれば，自尊感情の回復のためには，まずむかいあい聴いてくれる人の存在が必要です。安心感のある場との出会いや，「言い訳」を「言い分」としてとらえ，それに耳を傾け，無条件に受容してくれる人との出会いが必要であり，保育士はそうした人の1人となることが望まれます。そうした人との出会いにより，人への基本的信頼感を育み，対応方法について自ら考え，将来への生きる力を喚起するこ

とが可能となります。安心感・安全感に裏づけられた子どもにとっての居場所では，相互のコミュニケーションが保障され，そうした中で育まれる子どもたちの「語り」がきわめて重要といえます。

「イノセンス」が肯定的に受けとめられれば，それは解体し，「自分には責任がない」から「自分には責任がある」というメッセージに，自分の手で書きかえること，転換することができるとされています。「イノセンス」の肯定をともなわない説得や命令は，暴力的な強制にほかならず，功を奏することはありません。「イノセンス」の「表出→受けとめ→解体」という過程が重要となります。いくら論理的に正当な説得やアドバイスであっても，当事者が感情レベルでの十分な受容感を実感していない場合，それらは援助者の自己満足にすぎず，当事者への精神的暴力と化する場合もあります。ただし，子どもにむきあい，対立しながらも子どもの認識を修正するという考え方に基づき，一定の枠組みを設定する必要性については，納得できるところです。しかし重要なことは，1つの方法論に依存しすぎず，つねに援助者側の反省的思考に基づき関与することといえるでしょう。

2 関連する相談援助技術

1 ケアマネジメントと子どもの育ちの保障

　ケアマネジメントとは要支援者やその家族がもつ複数のニーズと社会資源を結びつけることを目的とした援助技術です。人々はさまざまな社会関係を主体的に活用して生活を営んでいます。しかしながら自身のニーズに合った社会資源との関係性を何らかの事情で結ぶことができない状況に陥ることがあります。そうした状況に陥った人々の状況をアセスメントし，適切な社会資源と結びつけることを主として支援するケアマネジメントは，さまざまな児童福祉現場において重要とされています。ケアマネジメント過程はアセスメント（事前評価），ケアプランの作成，モニタリング，事後評価に分けられます。アセスメ

ントにおいては近年，生活上の問題点だけでなくストレングス（強み，できている点）視点を導入することの大切さが強調されています。アセスメントに基づき当事者とともにケアプランを作成し，その実施状況を見守るモニタリング過程を通して，ケアプランを事後評価し，見直すことが重要です。

　これまで児童福祉現場では高齢者福祉や障害者福祉分野に比べ，ケアマネジメントが定着してきたとはいえない状況にあります。その要因として在宅サービスが地域社会に十分に存在しないことや，虐待にみられるように保護者がサービス利用を拒否する割合が高いことなどがあげられます。地域や家庭における養育機能が低下する中で，在宅で生活する親子の社会的子育て支援ニーズや入所施設における家族再統合に向けた相談援助ニーズの高まりとともに，ケアマネジメントの重要性が高まってきたといえます。

2│保育士のケア体制とスーパービジョン

　よく耳にする保育士の言動に「職場の人間関係に悩んでも子どもとかかわっていると，そんなことも忘れる」「嫌な体験も子どもとのかかわりで癒される」といったものがあります。自分自身も子どもを必要としているという自覚が，子どもとの関係に対し謙虚にかかわれる動機づけになるといえます。しかしながらそうした自覚が，限りなく子どもに尽くし続けるという現象を生み出すことも考えられます。とくに入所型施設である児童養護施設などではそうしたことが起こりやすいといえます。

　虐待などによる外傷体験をもつ子どもに寄り添うかたちで支援する場合，その悲惨な子どもの体験を援助者が自分のものとして感じて傷つくことがあります。これを代理受傷といい，とくに熱心に共感的にかかわる場合に起こりやすく，その結果援助者が無力感に襲われ，精神的エネルギーが低下するといわれています。こうしたことへの防止策として，自身の精神状態を把握し，仕事と休養や余暇とのバランスをとること，周囲の人と積極的に交流し感情を吐き出すことが必要とされていますが，養育は個人的関係を基本に置くため，子どもに問題が生じれば保育士の技術的問題ととらえられ，保育士が孤立する傾向に

Ⅰ　相談援助と保育

ついて指摘されています。

　さらに疲労の蓄積により子どもとの関係に逆転移(2)が生じたり，過度に子どもにかかわることにより自らの精神的バランスを保ったりする，共依存関係(3)の存在についても指摘されています。共依存症者は「他人」に対し，世話を焼き，うぬぼれ，思いあがって人間関係を破綻させているのですが，そのことに自分では気づかず，「彼を救えるのは自分しかいない」とか，「私の愛情で立ち直らせる」などと思い込んでいるとされています。そして一番この病にかかっているのが，対人援助職の人たちであり，その根底には「本当は私を助けてほしい」「自分の低い自己肯定感を引き上げるために，この仕事を選んだと思います」といった施設職員の内なる声が考えられます。また低い自己肯定感が職業選択に影響を与え，身を粉にして働くタイプの人が対人援助職に少なくないと指摘する研究もあり，バーンアウト（疲れ果て燃えつきること）をさけるためにも，不完全で終えることも大切だといえます。このような関係性を自覚し，子どもへのかかわりを制御する姿勢も保育士には求められます。自らの子どもとの関係性を自覚するには，個人的努力だけでなく，職員同士の協力が不可欠です。孤立せず職員相互の関係を維持する努力が求められます。

　そうした意味においてスーパービジョンも重要です。スーパービジョンとは援助者の実践を指導・調整・評価・教育し，援助者のよりよい実践に結びつけることです。スーパービジョンはスーパーバイザーとスーパーバイジー（スーパービジョンを受ける者）との関係間における援助技法であり，援助者がつねに専門家としての資質の向上をめざすための教育的方法です。スーパーバイジ

---

(2)　**逆転移**　クライエントに対して引き起こされる援助者の感情反応。援助者の過去の人間関係における感情をクライエントに反映させることで起こる。クライエントが援助者に抱くそういった感情と逆という意味で逆転移といわれる。

(3)　**共依存関係**　アルコール依存症患者を世話する家族が結果として，依存症の回復を遅らせている現象を意味することばとして当初使われていた。この状況では，アルコール依存症患者が家族に依存するため，自立する機会を失い，家族もまたアルコール依存症患者の世話をすることに自らの生きがいを見出し，悪循環を生み出していると説明される。一般的に，共依存者（支える側）は自尊心が低いため，相手から依存されることに対し，無意識に存在価値を見出し共依存関係を形成することが多いといわれる。

ーはスーパーバイザーからスーパービジョンを受けることで援助者としての実践を維持できるといえます。

　大別すると個人スーパービジョンとグループ・スーパービジョンがあり，個人は1対1で，グループは数人でスーパーバイザーにつくことをいいます。スーパービジョンには以下の3つの機能があり，スーパーバイジーに対して自己の盲点について自らが気づくことを促します。

① 管理的機能：スーパーバイジーの能力を把握し，それに見合う業務を担当するよう管理すること。

② 教育的機能：すでに獲得している知識，技術の活用を促す方法を示唆したり，不足している知識を指摘し課題を示すこと。

③ 支持的機能：スーパーバイジーが業務上でできていることを認めるとともに，できていないことに気づき取り組もうとする意志を促すこと。

　保育士は日常業務にジレンマを感じながらも，最大限子どもにむきあうことが常時要請されています。子どもによるいわゆる「試し行動」に巻き込まれることなく，徹底して寄り添う姿勢をもち続ける中で，相互の信頼関係を育まなければなりません。しかしそうした姿勢を保つことは容易ではなく，ケア職員を支える体制は必要不可欠です。子どもに対応する中で積み重ねられるストレスを軽減，解消することは容易ではなく，保育士がストレスを1人でかかえ込む傾向にあります。保育士は子どものケアのみならず，自らのケアに敏感になる必要があり，対応しきれないときには「助けて」「もう対応できない」という声をあげられる状態である必要があります。また，孤立することなく自分のしんどさを共有できる同僚や上司が存在しているかが重要です。また，職場以外でも自分の体験を率直に聴いてもらうことが必要です。保育士が子どもの対応に苦慮して感じる一種の無力感や挫折感は，その保育士の支援体制によっては保育士としての成長をもたらし新たな展開を促す契機となりますが，不十分な支援体制の中ではバーンアウト要因となる可能性もあります。

　一方保育士としての無力感や挫折感といった一種の「弱さ」はときに強さとして，子どもに作用することもあります。保育士として苦悩する姿をみせるこ

とや，息詰まった思いを子どもに適切に伝えることは，必ずしも子どもにとって否定的に作用するわけではありません。強い保育士像を堅持する保育士は自らの「弱さ」が出せず，感情レベルで鎧をまとい続け，そのはけ口が結局子どもに爆発することも多々あります。「弱さ」を出せるある種の力も必要であるといえ，そうしたことが保育士自身のケアにつながります。

　日常ケアに精一杯な保育士が，子どもの自尊感情の回復を視野に入れたケアを提供すること自体困難であり，日常の業務に自己を埋没化せざるをえない状況も理解できます。子どもの回復的ケアを心がけること自体が，保育士のジレンマを増幅させることとなります。しかしながらこういったジレンマと付きあいながら仕事をこなすことが保育士としての使命であるともいえ，そのジレンマに付きあうための自身のケアが必要です。

> **本章のまとめ**
> 　子どもの話を，子どもにむかいあって聴くことは，忙しい保育士にとって困難なことです。しかしながら困難を感じながら，そうした努力をする姿勢をもち続けることが重要です。子どもとの信頼関係はこうした姿勢をもつことで得られるといえるでしょう。そのためには，保育士自身も支えられる必要があります。

Ⅱ　相談援助の方法と技術

　相談援助は専門職による社会的責任をともなう行為です。そして，相談援助の対象をどのように規定するかは，相談援助の専門性を呈示することであり，きわめて重要なことです。第Ⅱ部では，まず，相談援助の対象把握の原理について学びます。そのうえで，援助対象となる利用者のかかえている問題を，利用者とともに援助者が解決していく相談援助の展開過程と，その過程を適切に展開していくために必要な基本的技法を学んでいきます。以上のことを通して，相談援助の専門職としての仕事のながれを学ぶことになります。

第6章
相談援助の対象

● ● ●

> ポイント
> 1 相談援助を必要とする課題について理解する。
> 2 課題発生のメカニズムについて理解する。
> 3 相談援助の対象のとらえ方を学ぶ。

1 相談援助の役割と対象

　何を相談援助の対象としてとらえるかという見解は一致していません。何らかの生活課題をかかえた人としてとらえる場合もあれば、その生活上の具体的課題、あるいはその課題が生じる背景や個人との関係性を対象としてとらえることもあります。対象把握の相違により、アプローチの方法は異なってきます。相談援助が働きかけ、改善、解決あるいは緩和しようとしているものが、いかなる特性をもつものかを明らかにすることは、相談援助を有効に行ううえで重要なことです。対象とは対象者がかかえる関係性や課題などをここでは意味しています。

1 │ 相談援助の役割

　養育はけっして保護者だけで担えるものではありません。さまざまな社会資源とのつながりや保護者以外の人々による支援を得てなされるものです。しかしながら家族の閉鎖化と地域関係の希薄化により、保護者がさまざまな資源や人とつながりをもち、養育することが難しくなってきました。日常生活において何気ない関係性をもつことが困難であったり、社会サービスが適切に機能しなかったり、あるいは不十分である場合、孤立しての子育てを余儀なくされま

す。このような状況の中で，たとえば保護者のそうした辛い気持ちを共感的に傾聴したり，社会資源と保護者との仲介をしたり，新たな社会資源を開発したり，社会資源のあり方を改善することを促したりする役割が相談援助には求められます。

2 対象とその理解

　相談援助を必要とする生活上の課題は一般的に生活問題としてとらえられます。そうした課題や問題の発生を個人の責任や問題としてとらえ，その解決を個人の努力に求める見方が今日においても根強く存在します。貧困や精神的・心理的な問題の原因をその人自身のこれまでの生活上の態度に求める考え方といえます。また，援助目的を個人の環境への適応とし，個人を治療するという考え方に基づく「医学モデル」や「治療モデル」という援助モデルも提示されてきました。これらに対して，問題の発生要因を社会に求め，社会との関係性において解決を図るという考え方が存在します。これを「社会モデル」といいます。

　社会モデルの考え方に基づけば，社会的要因に目を向け，環境の変容にむけた援助が重要視されます。社会環境との摩擦や環境自体のもつ問題，各環境要因の不調和などが原因で生活上の困難が生じていることが見直され，人間とその周辺の環境要因をシステムとしてとらえ，それを相談援助の対象と考えるようになってきました。

　たとえば保育所での子どもの他児への暴力的行動は，その加害児の家庭，地域，保育所，社会状況などの環境との関係の中で起きているといえ，その環境との関係性をシステムとしてとらえ，その子どもと環境との交互作用に焦点をあてて考えます。個人あるいは環境のいずれかに焦点をあて，個人や環境のどちらかの変容を考えるのではなく，交互作用に目をむけ，その関係性に関与することが要請されます。

　すなわち，上記の子どもの暴力的行動は家庭での母親による虐待が要因となっていると考えられる場合，母親の虐待の背景には夫婦関係，経済状況などの

家庭状況，地域関係，その子どもの特性などが影響を与えていると考えられます。母親が何らかの社会資源とつながりをもち，孤立を予防することで，子どもへの態度が変容することが考えられます。母親が変容するためには，環境の改善が必要です。母親に虐待をしないよう説得して母親を変容しようとすることは一時的に改善することはあっても，長期的にその変容状況を維持することは困難な傾向にあります。社会モデルに基づいた相談援助においては，個人と環境との交互作用に焦点をあて，個人と環境との関係改善をその目的にしているといえます。

3 ニーズというとらえ方

　1970年代以降，高齢化社会の到来が予測されはじめる中で，社会福祉対象論は新たな展開をみせました。社会的問題や生活問題は政策の対象であって，相談援助の対象ではないとする説が提示されました。こんにちでは，相談援助の対象を社会との関係性でとらえようとするニーズということばが一般化し，定着しています。相談援助の対象者のニーズを評価し，その充足にむけたサービス提供などにより，援助を展開することは相談援助の重要な機能です。現在，ニーズとは社会生活上の基本的要件が充足されていない状況を意味し，相対的に判断されるものです。すなわち社会の価値観や状況によって判断されるという側面もあります。どういう生活が基本的に保障されなければならない生活であるかは，変化するものであり，その生活との乖離をニーズとしてとらえることができます。クライエント（利用者）自身が感じている要求がニーズとしてとらえられるためには，基本的に保障されなければならない生活との乖離が，一定の基準や相談援助専門職の判断に基づき決定されなければなりません。そうしたとらえ方に基づいたニーズを規範的ニーズ（ノーマティブ・ニーズ）とよびます。しかしながらこのようなとらえ方について，専門家支配や専門主義を強化するという批判も存在します。

　一方で，クライエント自身が感じる要求をそのままニーズとしてとらえる考え方もあり，そうしたニーズをフェルト・ニーズとよんでいます。近年クライ

エントというよび方に変えて利用者や当事者というよび方がなされ，より主体的にサービスを活用する主体として位置づけられるようになってきました。規範的ニーズのように専門職や一定の基準によってサービス受給の是非を問うのではなく，利用者自らが決定するという考え方も近年主張されるようになってきました。利用者が当事者として感じている意向や思いを傾聴し，それを相談援助に活かすことは何より重要なことです。専門職の判断や一定の基準を明示してそれをクライエントに一方的に明示するのではなく，あくまでも主人公はクライエントであるということを自覚し，関与することが後に説明するワーカビリティの活用という考え方に適応しているといえるでしょう。

　保育現場では保護者のニーズも多様化し，一時保育の提供や地域子育て支援の拠点としての役割が求められてきました。また入所施設においても同様に子育て短期支援事業の提供をはじめとした地域支援が求められています。子どもの一時預かりに関しては，いかなる利用理由であろうと認めようという方向性にあります。孤立化した養育が一般化している状況の中では，社会がさまざまな保護者や子どものニーズを理解し，多様なサービスを提供することが求められます。すなわち近隣関係や家族関係の中で多様な人たちが子育てに関与していたときとは異なり，そうした人々が確保できない中で，社会がその人たちに代わって，あるいは社会がそうした人たちの代わりを提供する必要性が高まってきたといえます。

② 相談援助の対象把握の原理

1 人間観と援助観

　相談援助の根底には，人は絶えず自分を取り巻く環境と交流を行い，つねに変化しているという人間観があります。しかしそうした人間の変化の可能性を信じながらも，変化を求めないということも大切です。なぜならば，変化を求めると，変化しない相手に腹立たしさを感じ，相互の信頼関係の形成が困難と

なる傾向にあるからです。たとえば，保育士が子どもや保護者に関与したからといって，即座に状況が変化するわけではありません。即座に相手を変化させようと思うこと自体が，双方の関係形成に障害となることもあります。子どもや保護者が保育士といい時間を共有したという経験自体に，意味を求める必要があります。それは第5章で述べた「時間の共有」という考え方によるものです。

環境との交流の結果，生活の質が高まったり，逆に生活が阻害されたりし，後者の場合阻害された状況を課題や問題ととらえ，課題や問題をかかえた人を対象者，そうした課題が生じた人と環境との関係性を対象としてとらえることができます。またそうした対象者をクライエントや利用者とよぶこともあります。クライエントは特定の人をさす場合と，1つのシステムとしてとらえる場合とがあります。すなわちクライエント個人を対象者としてみる場合と，家族，所属する組織や地域を含めクライエント・システムとしてとらえ，相談援助の対象者としてとらえる場合とがあります。

人間は基本的には自ら援助を活用する動機づけと能力を有しており，そのような動機づけや能力をワーカビリティとよんでいます。ワーカビリティを発揮できるよう，援助者は側面的に支える人（イネイブラー）として関与する必要があります。すなわち援助者はクライエントがワーカビリティを最大限に発揮し，環境に能動的に働きかける対処能力を高め，自らが課題を洞察し，解決にむかうことができるよう関与することが大切です。保育現場においても，保護者や子どものワーカビリティを高めるために保育士はイネイブラーとして関与することが求められる場合もあるといえます。

2 社会生活の基本的要求の充足と相談援助

人間は生活上，呼吸，睡眠，食事，排泄といった身体的活動に対する欲求である生理的欲求が充足されるだけでなく，社会的存在としての欲求充足も重要です。すなわち人間は所属の欲求，成就欲求，承認欲求，自己実現欲求などの心理・人格的欲求も充足される必要があります。

Ⅱ　相談援助の方法と技術

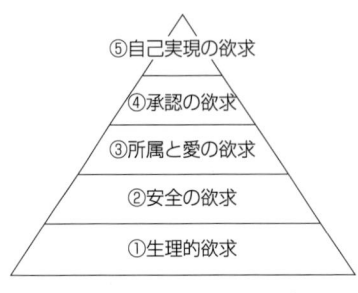

図6-1　人間の基本的欲求

⑤自己実現の欲求
④承認の欲求
③所属と愛の欲求
②安全の欲求
①生理的欲求

図6-2　社会生活の基本的要求と社会制度

a. 経済的安定 ↔ 産業・経済, 社会保障制度
b. 職業的安定 ↔ 職業安定制度, 失業保険
c. 医療の機会 ↔ 医療・保健・衛生制度
d. 家庭的安定 ↔ 家庭, 住宅制度
e. 教育の機会 ↔ 学校教育, 社会教育
f. 社会的協同 ↔ 司法, 道徳, 地域社会
g. 文化・娯楽の機会 ↔ 文化・娯楽制度

出所：岡村重夫『社会福祉原論』全国社会福祉協議会, 1983年, p. 85。

　人間の基本的欲求は低次から, ①生理的欲求, ②安全の欲求, ③所属と愛の欲求, ④承認の欲求, ⑤自己実現の欲求の5段階に分類できるとされています(1)(図6-1)。欲求には優先度があり, 低次の欲求が充足されると, より高次の欲求へと段階的に移行するものとしました。たとえばある人が高次の欲求の段階にいるとしても, 病気になるなどして低次の欲求が満たされなくなると, 一時的に段階を降りてその欲求の回復にむかい, その欲求が満たされると, 再び元にいた欲求の段階に戻ります。このように段階は一方通行ではなく, 双方向に行き来するものです。また, 最高次の自己実現の欲求のみ, 一度充足したとしてもより強く充足させようと志向し行動するといえます。

　こうした欲求充足を社会制度との関連で考えることが社会福祉においては重要です。生理的欲求や心理的欲求をもつ人間は社会制度を利用しながら生活上の基本的要求が満たされるとされ, 「社会生活の基本的要求」という概念が提示されました(2)。

　人間は基本的要求を充足するために, さまざまな社会制度と主体的に関係形成を図り生活しています。具体的には図6-2に示すように, 7つの基本的要求とそれに対応した7つの制度を提示することができます。したがって社会福祉が対応すべき対象は, こうした個人が生活上の基本的要求を充足するために

---

(1) A. H. マズロー著, 小口忠彦訳『人間性の心理学』産業能率大学出版部, 1987年。
(2) 岡村重夫『社会福祉原論』全国社会福祉協議会, 1983年。

利用する社会制度との関係であるというとらえ方があります。すなわち個人のもつ社会関係の主体的側面に着目し，そうした関係性を社会福祉の対象としてとらえ，その関係性に関与することが重要であるとされてきました。このように個人と社会との関係性に着目する視点は，先に述べたこんにちの対象のとらえ方に大きな影響を及ぼしています。近年注目を集めたケアマネジメント（ケースマネジメント）は個人とサービスの仲介が1つの重要な機能ととらえられますが，基本的要求と社会制度の関係でとらえると，よりわかりやすいといえるでしょう。

個人の社会制度との主体的関係性に着目したとき，生活上の課題とは，そうした社会関係を適切に結ぶことのできない状態ととらえることができます。たとえば，基本的要求があっても，その制度の基準に合わずに利用できない状況，基本的要求に適応した制度の不在状況，その他何らかの理由で制度を利用できない状況などが考えられます。このような状況に関与し，社会関係の形成を図ることが相談援助の1つの重要な機能としてとらえられます。保育現場においてもこうした考え方に基づき，子どもや保護者と社会サービスを結びつけるケアマネジメント機能が求められているといえます。

> **本章のまとめ**
>
> 相談援助の対象のとらえ方は多様です。具体的な生活上の問題，その問題の社会的要因，それが生じた個人と環境との関係性などさまざまです。ここでは環境と個人の関係性に着目する重要性について指摘しました。広い視野をもって，個人と家族，社会との関係性を視野に入れて関与することが大切といえるでしょう。

第7章
相談援助の過程

ポイント

1 相談援助の過程（進め方や流れ）のあらましについて理解する。
2 アセスメントに必要となる情報源，面接の進め方について理解する。
3 「課題に焦点をあてた援助方法」の具体的な手順を学ぶ。

1 相談援助の過程とは

　相談援助の過程とは，相談援助の進め方や流れを説明するために用いられる表現です。ある問題に取り組みその問題を解決しようとするときに，その流れは，計画する（plan）→計画を実行する（do）→実行した結果を評価する（see）と表現されます。相談援助は利用者のかかえている問題に援助者が利用者とともに取り組み，それを解決しようとする働きです。その流れ（過程）は，一般に，アセスメント，計画，計画の実行，評価とあらわされています。

2 アセスメント

1 アセスメントとは

　アセスメントとは，利用者とそれをとりまく状況について，多くの情報を集め，その情報を分析して次の項目にまとめる過程です。[1]
　① 利用者がかかえている問題（成長過程のニーズ，生活転換期にともなうス

---

(1) Hepworth, D. H. and Larsen, J. A., *Direct Social Work Practice: Theory and Skills* (4th edition), Brooks/Cole, 1993, p. 192.

トレッサーとその適応には何が必要とされているかにとくに注意を払う）。
② 利用者とその家族の対処能力（長所，生活技能，限界と短所など）。
③ 利用者の問題に関連している種々のシステム，それと利用者との交互作用の性質。
④ 問題を解決する，または，それを軽減するために利用できる資源，また必要となる資源。
⑤ 利用者の問題に取り組む意欲。

アセスメントの過程は，援助者の勤務する職場と与えられた役割によって異なります。援助者の役割は通常その所属する施設・機関によって決められます。たとえば，福祉事務所などでは，専門職員1人ひとりが自分のケースを担当し，その責任をもつようになっています。一方，医療機関，児童相談所などでは，専門職員チームの一員として機能することが期待されています。単独の援助者の場合には，ときには同僚や他の専門職の意見を聞くことはあっても，アセスメントの過程の責任と管理はケース担当の援助者1人が果たします。一方，チームの場合は，専門チームの協働作業でアセスメントを行うことが多いので，援助者にはチームの一員としてアセスメントの責任を果たすことが求められます。たとえば，援助者が生活歴，家族関係，経済状況，社会資源などを評価して，チーム全体が行うアセスメントに貢献します。チームのメンバーが各々自分の専門的役割からアセスメントし，その後にチームが行うケース会議などにおいて，ケース全体のまとめがなされます。

2 アセスメントに必要となる情報源

アセスメントに必要となる主な情報源としては，次のものがあります。[2]
① 利用者の背景を記した書類：家族構成，住所，職業，健康状態，相談に訪れた理由などを記した書類であり，基本的な情報を記したものとして重要。

---

(2) Hepworth, D. H. and Larsen, J. A., *Direct Social Work Practice: Theory and Skills*（*4th edition*），Brooks/Cole, 1993, pp. 195-199.

②　利用者からの報告：面接によって，利用者の問題状況についての説明，感情，ものの見方，考え方，出来事などを聞く。
③　利用者の非言語行動の観察：声の調子，動作，表情などを注意深く観察して，利用者の心の状態を知る。
④　相互作用の観察：配偶者，子ども，グループのメンバーとの相互作用（やりとり）を直接に観察する。
⑤　二次的な情報源：利用者の生活にかかわりのある，家族，友人，かかりつけ医，教師，雇用主，他の専門職などからの情報。

3 | 利用者との面接

　利用者との最初の面接では，問題のもとになっていることを尋ねたり，解決のためにふさわしい方法を計画したりする課題に取り組みます。利用者は対処のための努力に疲れ果てていたり，満足のいく生活のために必要な資源をもっていなかったりするために，援助を求めています。

　援助者は利用者に，現在かかえている問題や心配事について説明してもらうようにします。ふつう利用者は問題の一般的な説明をします。利用者からみた問題とは，必要なものを欠いていること（たとえば，医療ケア，適切な収入や住宅，仲間，良好な家族関係，自尊心など），または，望んでいないことが過剰であること（たとえば，恐れ，感情の爆発，親子関係での葛藤，アルコール依存など）です。

　利用者からみた問題（いま示されている問題）はとても重要です。なぜなら，それは利用者がいま認識している問題を示していて，援助を求める主な動機となっているからです。利用者の動機づけは，援助過程を進めていくうえで主要な力となります。したがって，利用者が中心となって，問題を明らかにしてそれをことばで表現することになります。取り組んでいく問題を最終的に決めるのは利用者であって，援助者ではありません。

　利用者が生活上の困難を説明するにつれて，問題状況にかかわりのある人々や環境上のシステムが明らかになってきます。利用者，周囲の環境，関連する

システムが，相互に関連しあって，問題をつくり出し維持していることがわかってきます。援助者は，利用者と環境とのかかわりあいを明らかにするために，それらの多様なシステムの機能と相互作用に関する情報を利用者から引き出していくことが必要です。利用者が相互に関係しあっているシステムには，①家族や親戚，②ソーシャル・ネットワーク（友人，近隣の人々，職場の同僚，サークル仲間など），③公的な組織（学校，病院，保育所や児童福祉施設など），④サービスの提供者（学校の教師，医師，保育士など）があります。[3]これらのシステムは，利用者の困難の要因となっていることがありますし，またその解決のために役立つこともあります。利用者と環境とのかかわりあいを明らかにするためのツールとしてエコマップ[4]があります。

3 計　画

1 計画とは

計画とは，援助者と利用者が共同して，将来の目標を取り決め，それを達成するための方策を定め，適切な行動の道筋について選択していく過程です。

目標は援助過程において，次のような重要な役割を果たします。
① 達成すべき事柄について援助者と利用者が合意していることを保証する。
② 援助過程に方向と継続性を与え，不必要な活動へと脱線することを防ぐ。
③ 適切な援助方法を考え，選択することを促進する。
④ 援助者と利用者が進歩について評価することを促進する。
⑤ 用いた援助方法の効果を測定するための基準となる。

---

(3) Hepworth, D. H. and Larsen, J. A., *Direct Social Work Practice: Theory and Skills* (4th edition), Brooks/Cole, 1993, p. 203.
(4) エコマップについては，第8章（p.95）参照。

2 | 目標の決め方

「課題に焦点をあてた援助方法」(The Task-Centered System)[5]を用いた実践では、目標は、たとえば、次のように決められます。

C子さんは未婚で子どもが1人（5歳、男児）います。C子さんのネグレクト（養育放棄）のために、子どもは児童相談所に保護され、現在は児童養護施設で暮らしています。

C子さんの目標は、再び子どもと一緒に暮らすことです。C子さんと児童養護施設の保育士は、子どもと一緒に暮らせるようになるための条件を考えました。子どもが安心して安全に暮らすことのできる家庭環境を確保することが大切です。また子どもがC子さんと再び暮らすことについてどのように考えているのか確認することも必要です。C子さんへの支援は、子どもの育ちを支えることにつながります。そして目標を次の4つの小目標に細分化しました。

a. 保育士と協力して、家事の計画を立てそれを実行することで、家庭環境を向上させる。

b. 保健師の指導を受けながら、衛生と栄養の基準を満たすようにする。

c. 親業クラスに出席して、適切な育児の方法を身につける。

d. 子どもの世話をしてくれるサポートシステムを探したり、つくり出したりすることで、社会活動ができるようにする。

3 | 目標設定のための指針

目標を選択し設定するにあたっては、次のような指針があります。[6]

① 利用者が求めていることに関連していること。

援助は利用者のために行われるものであり、利用者が適切な目標を最終

---

[5] Hepworth, D. H. and Larsen, J. A., *Direct Social Work Practice: Theory and Skills*（4th edition）, Brooks/Cole, 1993, pp. 397-417. 平山尚・平山佳須美・黒木保博・宮岡京子『社会福祉実践の新潮流――エコロジカル・システム・アプローチ』ミネルヴァ書房、1998年、pp. 141-146.

[6] Hepworth, D. H. and Larsen, J. A., *Direct Social Work Practice: Theory and Skills*（4th edition）, Brooks/Cole, 1993, pp. 367-371.

的に選択します。

② 明確で測定できるように表現されること。

援助過程に方向を与えるために，望んでいる最終的な結果を明らかにして目標を表現します。そのことで達成すべき変化が明確になり，評価が可能となります。

③ 達成可能なものであること。

実現できない目標は結果として失敗につながり，利用者は失望し，幻滅し，敗北感を味わうことになります。利用者の目標を達成する能力とそれを妨げるかもしれない環境条件を考えることが重要です。

④ 成長を強調した肯定的なことばで表現すること。

失うことではなく得ることを中心にして目標を立てることは，利用者の動機づけを高め，変化することへの抵抗を弱めます。

⑤ サービス機関や施設の機能と一致していること。

利用者の希望が機関の機能と合わないときには，必要とするサービスが受けられるように，利用者を他の機関につなぐことが必要となります。

4 目標を達成するための方策

目標を決めたあとで，それを達成するための方策を計画します。計画にあたっては，問題についてのアセスメントを基礎とし，目標の達成に密接に関連し，またそれを実現する見込みの高い手段を選択します。そのため，援助の方策は次の4つの要因と適合していることが大切です。

まず，①対象として取り組むシステムとの適合。援助は問題と密接に関係しているシステムを対象とし，そのシステムに変化をもたらすものでなければなりません。次に，②利用者の問題との適合。ある問題について，効果の高い援助の方法が知られている場合（たとえば，うつの治療には認知療法の効果が高い），効果が高いことが証明されている方法を用います。また，③利用者の発達段階との適合。利用者の成長のレベルはさまざまですので，援助を計画するときには利用者の発達段階を考慮することが必要です。たとえば，幼い子ども

の場合には，抽象的に考える能力が不足していますので，遊技療法やグループ活動を行います。最後に，④人生の移行期との適合。利用者の問題は，人生における移行（たとえば，卒業と就職，結婚，子どもが生まれること，転居，失業，親族との死別など）によってもたらされたストレスと深く関連していることがよくあります。

4 計画の実行

1 行動課題と認識課題

目標とそれを細分化した小目標が決まったら，次の段階としてどのようにしてそれぞれの目標を達成すればよいか方法を決めます。これは目標を達成するために意図的に取り組んでいくための一連の活動を計画することです。これらの活動を「課題」とよびます。この課題には，行動課題と認識課題があります。

〈行動課題の例〉
- 1日の家事の段取りを決めてそれを実行する。
- 毎月の収支を管理するために，家計簿をつける。
- 1週間に一度掃除をする。
- 保育サービスの情報を得るために，市役所に電話で問いあわせる。

〈認識課題の例〉
- 子どもがいうことを聞かないときにどのように接すればよいか，その方法を考える。
- 毎朝パートの仕事に出かける前に，1日の仕事で起こりそうな困難事を考え，どのように対処するかリハーサルをする。
- 感情が爆発してしまう前に，どのような怒りの兆候があるかを自覚する。

2 課題達成のための計画を立てる

（1）利用者が課題を実行できるように利用者を動機づける

多くの人にとって，自分のいままでの行動，態度，習慣を変えていくことには，大変な努力が必要となります。したがって，課題実行で重要なことは，利用者を励まし，動機づけをして課題実行が可能になるようにすることです。そのためには，目標と課題の関連性を明確にし，課題実行によって，どのような利益があるかを，利用者が理解できるように援助します。つまり，利用者が新しい行動を採用することの利益の方が，それにともなう犠牲や損失を上回るという認識をすることです。

（2）課題実行のくわしい計画を立てる

ほとんどの課題が，いくつかの順序立って行われる活動または小課題から成り立っています。通常，行動と認識の双方の課題があります。たとえば，大きな痛みをともなう医療検査を受けたりする前に，こころの準備をしておくと，まったく準備をしないよりも痛みが軽減されることがあります。この心理的作業には，ありうる利益を反芻したり，現実の要素を考えて不必要な恐怖心を払い除けたり，以前に成功した例を思い起こして勇気を得たり，援助者の励ましのことばを思い出すなどの方法が用いられます。

利用者だけが課題を実行するわけではありません。援助者も利用者に合わせた活動をすることが必要です。たとえば，子育てに悩んでいる母親のために，地域にある育児サークルの情報を得ることなどです。したがって，計画を立てる段階で，誰がどのようなことをするかを前もって話しあい，記録しておくのが良い方法です。

（3）障害を分析し取り除く

利用者が変わる努力をするときに，それに反する力がいろいろな角度から加わり，変化の努力に邪魔が入ることがよくあります。援助者は利用者の課題達

成にどのような障害が横たわっているかを前もって見極め，その障害を取り除く努力をすることが重要です。

障害を取り除く援助方法として，まず利用者に課題実行上の障害になりそうなことを話してもらいます。障害が明らかになれば，次に，どのようにしてそれを克服するか，方法を考えます。

（4）課題実行に必要な行動リハーサルを利用者にしてもらう

ある課題を実行するときに，利用者に欠けている技能や，利用者がいままで経験したことがない行動が必要になるときがあります。たとえば，「参加している育児サークルの母親に子どもの世話を頼む」という課題であったとすると，利用者が緊張してうまく話すことができない，依頼の仕方がわからないという場合があります。このような場合には，課題実行を始める前に行動のリハーサルをします。

行動リハーサルの効果的な方法として，ロールプレイ（役割を演じること）があります。望ましい行動のリハーサルをする前に，まず利用者に実際の場面での役割を演じてもらうことで，いまの技能のレベルを知ることができます。次に援助者が，世話を頼む人の役割を演じ，状況にあった適切な行動のモデルを示します。そして次に役割を交代して，利用者が話しかけたり，世話を頼んだりする役割を演じます。このようなロールプレイは，利用者が必要となる行動に慣れていないときには，対処行動を学ぶよい機会となります。

（5）課題実行の計画をまとめる

利用者がこれから行おうとしている課題達成のためのさまざまな活動を，復習します。そのことで，利用者はこれから何をするのか，その流れはどうなのかをはっきりと理解できます。援助者は，これから出会うかもしれない障害にいかに対処するかその方法を含めて，利用者にくわしく復習をしてもらいます。

（6）焦点と継続性を維持していく

すべての面接において，焦点は利用者の課題実行に当てられ，それによって，ある面接から次の面接へと継続性が維持されます。各面接は，前回の面接で同意された課題実行を復習することから始めます。利用者が課題実行で経験したことについて話し合うことの目的には，次のことがあります。第1に，新しく始めた行動を実行していくうえで，その効果をいかにして高めていくか，その方法を明らかにできることです。第2に，利用者が他者に与えている影響力についてどのように認識しているか，課題実行についてどう感じているか，援助者が知ることができることです。話しあいでは，課題を実行することへの利用者の意欲を高めることが大切です。利用者がうまくいったことを報告したときには，うれしい思いを表現し，進歩を認め，成功を喜びあうようにします。

5 評　価

　評価には，モニタニングと事後評価があります。モニタニングとは，援助が行われている間に，利用者に何が起きているのかを追跡し，継続して援助の経過や取り組んでいる問題の変化を評価することです。どのように進行しているかによって，援助者は援助を続けるのか，修正するのかを判断します。もし望んでいた変化が起こらず援助の効果がないときには，可能であるなら現在の援助を中止し，新しい計画と合意をつくり直す必要があります。モニタニングを適切に行うためには，取り組む問題と援助の目標が，明確に決められ，合意されている必要があります。

　モニタニングにおいては，①利用者は効率よく，また満足のいくように目標に近づいているか，②変化があったとするなら，それは援助によってもたらされたものか，という2つの問いかけが重要です。②の問いは，援助を計画したり，実践によって知識をつくりあげるうえで重要です。起きた変化に援助がどれぐらい影響しているかを知るためには，実験群（援助を受けているグループ）のほかに統制群（援助を受けていないグループ）を設けるなど，一定の統制が必

要ですが，それを実現することは実際には容易ではありません。しかし，目標にむけての進歩があるかどうかを知るための方法を見いだすことは可能です。

事後評価は，援助が行われている間になされるモニタニングとは違い，援助が終了したあとになされます。すなわち，起きたことを振り返って，目標をどの程度達成することができたかを評価します。モニタリングと事後評価の方法については，第9章でくわしく説明します。

本章のまとめ

相談援助の過程とは，相談援助の進め方や流れを説明するために用いられる表現です。相談援助は利用者のかかえている問題に援助者が利用者とともに取り組み，それを解決しようとする働きです。その過程には，アセスメント，計画，計画の実行，評価があります。

第 8 章

相談援助の技法

● ● ●

> ポイント
> 1 相談援助における関係の技法について学ぶ。
> 2 相談援助における利用者の問題状況分析の技法について学ぶ。
> 3 相談援助の専門職として必要な技法について学ぶ。

1 保育士と相談援助の技法

　保育士の仕事は，すでに述べたように，専門的知識と技術をもって，児童の保育と保護者への支援をすることです（児童福祉法第18条の4）。児童福祉法第48条の3第2項では，「保育所に勤務する保育士は，乳児，幼児等の保育に関する相談に応じ，及び助言を行うために必要な知識及び技能の修得，維持及び向上に努めなければならない」としています。これは，保育所以外の施設・機関に勤務する保育士にもあてはまります。相談援助の技法を習得しておくことが，保育士の仕事を実践していくうえで有効といえるでしょう。本章では，ソーシャルワーク実践を展開していく過程で活用する基本的な技法である，関係の技法，問題分析の技法，専門職としての技法について取り上げます。

2 関係の技法

1 面接の技法

　一般的対人援助関係は，私たちが友愛や愛他的動機によって日常生活において社交的に行う人間援助の営みです。それに対して，ソーシャルワーク関係の

ような専門的対人援助関係はどのような特徴をもっているのでしょうか。ソーシャルワーク実践は対人的相互関係を媒介にして展開されます。その重要な道具が面接です。面接は利用者（子ども・保護者）の問題解決を目的として意図的になされる会話であり，それは利用者が自分が直面している危機的状況を援助者に伝えることから始まります。そして，援助者がそれを傾聴することによって対話が展開されることになります。面接は，「互いに対等な立場で相まみえる」という意味を含んでおり，対等な立場で「語る―聴く」という相互行為の過程です。面接はコミュニケーションの場でもあり，人はことばと身振り，態度，姿勢などを通して自分の状況，それについての感情や思いを表現します。面接は援助過程をとおして行われ，その各段階に応じた課題がありますが，基本的な意義として次の２つをあげることができます。

① 面接は，利用者と援助者が対等な立場で，問題解決の過程をともに歩んでいくパートナーとなるために活用される。

② 利用者が自分のことばで語るのを肯定的受容的態度で支援することによって，利用者が自分の強さ・長所に気づき，未来図を描くことができるようにする。

面接を通して利用者が問題に気づき，問題解決への動機づけをもち，問題を整理し，解決の見通しをもてるようにならなければなりません。援助者は，利用者が自らの手で決断し，解決にむけて一歩踏み出せるように側面的に援助します。その際用いる道具は，援助者自身，そして，利用者と援助者との関係性です。援助者には，その道具を倫理的，効果的に活用することが求められます。

面接の方法には，個別面接，グループ面接，家族面接，電話での面接などがあります。面接の構成要素には，相談者（利用者），面接者（援助者），目的，時間，場所，コミュニケーションの手段，人数，回数などがあります。これらの要素を明確に備えているものからゆるやかなものまで幅広いですが，とくに，面接の構造がゆるやかで，家庭など利用者（子ども・保護者）の生活環境の中で行われる面接を生活場面面接(1)といいます。生活場面面接は，児童養護施設など居住型の施設やケアワークの領域ではよくみられ，子ども本人の日常性に着

目し，子どものいる場所からスタートし，時宜的で迅速な対応をするところに特徴があります。多様な面接を組み合わせ，面接の機会を確保し，意識的に展開していくことが，よりよい援助につながるでしょう。さらに，面接の相手は子ども・保護者に限定されるのではなく，家族，関係者，関係機関の担当者などとの面接もあります。

2 観察の技法

　利用者の言語的，非言語的メッセージに対するアセスメントは，まず観察から始まります。人は，問題をかかえたとき，それに何とか対処しようとして，その感情や意思をことばや態度で表現するものです。利用者の表情，動作，姿勢，服装といった非言語的メッセージ，援助者との位置関係や距離，周囲の様子などの観察を通して，それらが何を物語っているのかをすばやく見極めることが求められます。たとえば，家庭訪問をした援助者の声かけに対しては応答せず，黙ったままでいる保護者のメッセージを，援助者に対する拒否とみなすか，ことばでは表現できない葛藤の現れだととらえるかは，それまでの援助者と保護者との関係と，援助者のアセスメントの力量にかかっています。また，訪問の目的を明確に言葉で伝えた援助者に対して，「大丈夫ですから，放っておいてください」という保護者のことばを，援助者はどのように受け止めればよいのか，保護者の言動の背後にあるものを探ろうとして，いろいろな角度から質問もしながら，保護者のメッセージの総合的アセスメントをしたあと，援助者は次の応答のしかたを決断するのです。保護者は援助者がどのような目的をもって訪れたのか，信頼できる人間であるのかどうかを見極めようとします。保護者と援助者は互いに「みる─みられる」関係にあるといえます。

3 援助関係樹立の技法

　利用者のかかえている問題やニーズを把握するためには，ラポール（信頼関

---

(1) 久保紘章「構造化されていない面接」『ソーシャルワーク研究』16(4)，1991年，pp. 18-22。

係）の樹立が不可欠で，それは利用者の心の扉を開くことからはじまります。援助関係の基礎となる信頼関係の具体的側面は，先入観をもたず，利用者のことを批判することなく，受け止めようとする本心からのかかわりが利用者に伝わり，援助者に対して少しは心を開いて話をしてみようかという気持ちが，利用者の中に芽生えるということです。そのうえで，利用者の主訴をつかむことが可能になります。そこから，真のニーズ把握にむかって一緒に歩きはじめることができます。利用者の真のニーズをつかむためには，利用者の感情表現を支えながら，利用者の話をしっかりと聴き，ことばの背後にある感情に焦点をあて，適切に応答し，真のニーズにむかってさらに掘り下げるための質問をします。ここで，忘れてはならないことは，①人は，人権・人格・生命を他者から脅かされることを望んでいないし，誰も脅かすことはできないこと，②人は，他者が入り込むことのできない内的な領域を有している存在として受け容れられたいと望んでいること，です。援助者には，利用者本人からのメッセージをしっかり受け止めながら，利用者の立場に立って利用者理解を進めること，つまり，利用者の生活歴，現在の生活世界，日常生活において大切にしていること，人生の目標，感情や意思等に近づくことが求められます。その一方で，援助者の言語的・非言語的メッセージを利用者はどのように受け止めているかを吟味しつづけ，援助者自身が自分の価値観・援助観とむきあい，それを自覚しておく必要があります。そうでなければ，利用者の立場に立った援助は不可能ですし，援助者によるひとりよがりな援助に陥る危険性もあります。

③ 問題分析の技法

　利用者のかかえている問題の分析と把握のため，次のようなマッピング技法を活用します。

1│ジェノグラム

　ジェノグラム（genogram）は，少なくとも三世代にわたる個々人について

第 8 章　相談援助の技法

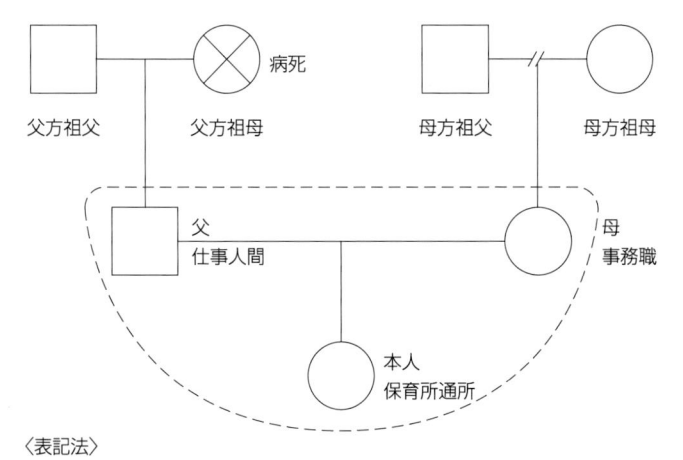

〈表記法〉
　男性：□，女性：○，性が不明の場合：△とし，その中に名前を記入，死亡しているメンバーは，□や○の中に×印を入れる。夫婦は□と○を線でつなぎ，この関係から線を下に引くと子孫を示し，子どもは出生順に左から配置する。結婚の破綻については，別居は／，離婚は／／で関係線を横断して示す。さらに，誕生，結婚，別居，離婚，居住地，職業，傷病死亡の日付，死因等の家族に関する情報を書き込む。そして，同居している家族を点線で囲む。余白に家族が果たしている役割（家計の担い手，世話係，すねかじりなど）を簡単に記述してよい。

図 8-1　ジェノグラム

の意味ある情報を示す家系図であり，数世代にわたり受け継いできた人間関係，生活様式，職業等の歴史を図式化し家族を評価する道具の1つです（図 8-1）。

　個人を取り巻くもっとも身近な環境が家族であり，家族は個人の成長と発達に大きな影響力をもっています。援助においては，家族の構造や家族メンバー間の関係性のパターンを手がかりとして援助的介入のためのアセスメントを行うことになります。ジェノグラムは，利用者をその家族の文脈の中で理解し，家族を客観的に評価するためにデータを収集し組織化する道具です。実際には，家族内の力関係や情緒的つながりを組織的に図式化したファミリーマップ（family map）と合わせて活用します（図 8-2）。ファミリーマップは，緊密

---
(2)　ジェノグラムは，ボーエン（Bowen, M.）の家族システム論から派生したもので，家族療法実践の場でとくに発展してきた。

II 相談援助の方法と技術

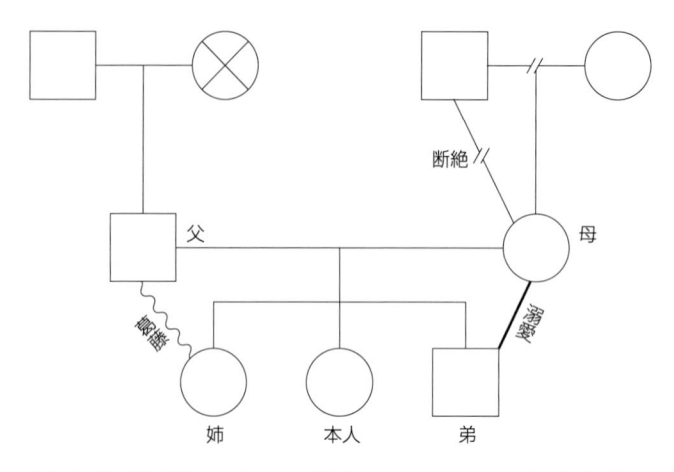

家族メンバー間の親密・対立といった関係や，コミュニケーション状況を線で表す。
図8-2　ファミリーマップ

さ・距離・葛藤などの家族の相互作用のパターンを表すもので，客観性には欠けるものの，家族のかかえる問題を分析する助けとなります。

　ジェノグラム作成のための情報収集は面接の場で行われるのが一般的で，面接ごとに新しい情報を書き加えたり，訂正することができます。また，面接場面で利用者と一緒に作成することが可能であるため，利用者と援助者との協働作業の重要な方法といえます。ジェノグラムを作成する面接を通して，利用者と援助者の間に信頼関係が深まっていくこともあります。加えて，援助記録としても有効で，援助記録にジェノグラムを含めれば，援助者チームの個々の専門職がそれぞれに家族関係を分析する必要がなく時間の節約になります。

　ジェノグラムを活用する意義について考えてみましょう。まず，人間も問題も単独で存在することはなく，それをとりまく環境と交互作用しながら存在しているシステムです。システムとしての家族メンバーの行動は，互いに補完しあったり，代償しあっています。1つのシステムとして家族をとらえるこの方法は，これまで気づいていなかった情報を見出し，人が家族の中で占めている位置だけでなく家族にどのように影響を受けているかを気づかせてくれます。そして，家族と出現している問題状況との関係や，家族の構造・機能・役割や

関係のパターンについての仮説を立てる助けとなります。

　他方，利用者にとっての意義を考えてみましょう。利用者自身が家族の規模，家族の誕生の順位，死，家族の関係性のパターンに名前をつけることによって，自分が家族からどのような影響を受けているかを知る手がかりとなります。さらに，利用者がおかれている状況に対してもう1つの見方をするのを可能にしてくれます。時の流れにつれて家族が発達する様子を図式化することによって，歴史という次元から家族をとらえなおすことができます。そして，利用者自身の現在の交互作用に影響を与える歴史的情報を確認し組織化するのに有効です。

　保育士の実践においても，家族関係や機能のパターンを過去から現在にわたって図式化することは，家族の中で繰り返しみられるパターンや出来事を発見する助けとなるでしょう。家族システムを年代をさかのぼって検討し，どのようにライフサイクルの段階をたどってきたかを見極めれば，現在の問題がどのような時間的経過を経て形成されているのか，家族発達のパターンに照らしてとらえることができます。さらには将来起こりうる問題を予測し，変化が家族に及ぼす影響と変化に対する家族の対処のしかたを推測する手がかりを得ることができます。

　以上のようにジェノグラムは活用の有効性が認められ，多くの情報を提供してくれますが，それは家族を評価する一手段にすぎないということを認識しておく必要があります。そして，ジェノグラムを活用する場面と，ジェノグラムに盛り込む情報の質・量についての判断が援助者には求められます。さらに，家族の発達・出来事をその歴史的状況，社会的，経済的，政治的背景を視野に入れてとらえていくことも必要になります。

2 エコマップ

　エコマップ（eco-map）は，ハートマン（Hartman, A.）が，1975年にソーシャルワーク実践の道具として考案したもので，生態学の視点を導入した，人と環境との関係のありようを全体的に示す生態地図のことです（図8-3）。エコマップは，人とその人をとりまく環境との複雑な関係を視覚化したアセスメン

II 相談援助の方法と技術

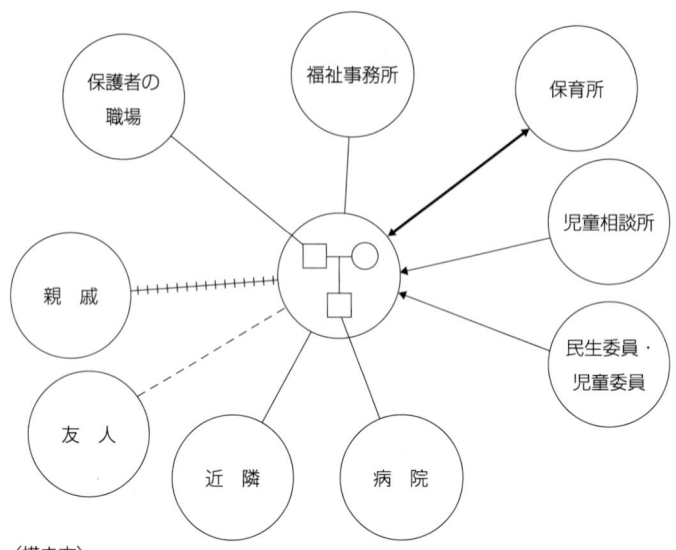

〈描き方〉
　中心に本人を含む家族を，周辺に関係者，さまざまな機関や施設等社会資源を記入し，本人や家族とこれらの環境との関係のありようを約束記号に従って線で結ぶ。描写しきれない場合はメモや簡単な文章を追加して記入する。

〈表記例〉
　──── 普通の関係　　━━━━ 強い関係　　- - - - 弱い関係
　+++++ ストレスや葛藤のある関係　　────▶ エネルギー・関心の向かう方向

図8-3　エコマップ

トの道具です。ソーシャルワーク実践の対象となる，人と環境，とくに人的・物的な社会資源との関係は複雑で，文字による記録のみでは把握が困難なことがあります。エコマップは，人と社会資源との関係の全貌を図式化して簡潔にとらえようとするものです。具体的には，その人や家族，あるいは周囲の人との人間関係や，問題解決のための福祉サービスや制度あるいは援助活動に関連する施設や機関との関係──フォーマル・インフォーマルな社会資源の関係──をマップに描写することによって，その全体像を把握するのです。いわば，難問をいったん分解して，また組み立てて，解決していくための道具といえます。具体的にどこに，どのように働きかけるのか，問題解決のためにどのよう

な社会資源が必要かを知る手がかりになり，援助過程の各段階で作成し，状況の変化を把握することができます。こうして，社会資源との関係のあり方や実態から，その充足具合，欠落状態，断絶状況，利用状況などを明確化することができるとともに，地域社会の社会資源の適正配置に結びつけることができます。また，内面的世界を記述するより抵抗が少なく，利用者と一緒に描くことができるので，面接時に使用したり，コミュニケーションの手段としても活用できます。

保育士の実践におけるエコマップ活用の意義として，次のことをあげることができます。

① 保育士自身が，子どもと子どもをとりまく環境との接触面に焦点をあてることができる。
② 子どもや保護者自身がエコマップを自分で記入することにより，自分の問題を環境とのかかわりの中でとらえることができる。
③ 保護者の支援のネットワークの全体像を容易に理解することができ，問題解決のための計画や立案にも役立つ。
④ 子どもや保護者の環境全体または一部，あるいは家族全体の生態を浮き彫りにするとともに，子どもや保護者の人間関係における協力，支援，反発，対立，葛藤，断絶等の社会関係全体の様相が簡潔にとらえられる。

面接等でエコマップを活用するのは，一定レベルの人間関係が確立され，信頼関係が樹立されたあとの段階が効果的です。また，簡潔な援助記録としても役に立ち，スーパービジョンの素材としても使用できます。ただし，インフォームドコンセント[3]を大切にし，あくまでも子どもや保護者の了解と納得のうえで作成し，活用する必要があります。

---

(3) **インフォームドコンセント** 説明と同意と訳される。援助活動の場面で，援助者が利用者にアセスメントの内容，それに基づく援助方法および予測できる結果に関する説明を十分に行い，利用者がそれを理解し同意したうえで援助活動を展開することをいう。

4 専門職としての技法

1 チームアプローチ

　ソーシャルワーク実践は，人々の生活をトータルに，そして，その人を家族や地域社会，その他の環境とのかかわりにおいてとらえ展開されます。人々が直面している生活問題を解決し，人々の生活全体を効果的に援助するための手段としてチームアプローチを活用します。ここでいうチームとは，利用者の援助のために，目標や方針を共有し，その目標を達成するためにそれぞれの専門性を活かしながら，協働するグループのことです。チームアプローチとは，所属施設・機関内の同一の専門職同士や異職種の専門職同士，そして，異なる施設・機関に所属する各職種の専門職がチームを組んで援助活動を展開しようとすることです。最近では，専門職のみならず，利用者本人をはじめ，家族，近隣，ボランティアなどの非専門職もメンバーに含むようになっています。

　児童家庭福祉分野の地域を基盤とした実践において，複雑な問題・ニーズをかかえた子どもや保護者に対する総合的な援助を効果的・効率的に実施していく必要性が高まっています。保育士の実践においても，子どもと保育士，また，保護者と保育士，といった1対1の援助活動ではなく，チームアプローチが求められるようになっています。たとえば，児童養護施設における援助困難な子ども──たとえば，保護者からの性的虐待を受けた子ども──の援助においては，複数の職員間で協力しながらのアプローチが求められます。また，児童虐待の防止においては，職種──保育士とソーシャルワーカー，医師や看護師，保健師あるいは弁護士など──の専門職が連絡・調整しながら援助を行うことが不可欠になってきます。いずれにしても，その子どもにかかわる職種間の援助目標や計画の共有，および援助活動の展開における協力体制が必要です。保育士は，チームの一員として，子どもや保護者の生活全体を個別的に理解する専門的な視点を保持しつつ，その援助方法や技術を駆使していきます。

チームアプローチによる援助を有効なものにするためには，チームメンバー相互の信頼関係，利用者との問題解決にむけた各メンバーの役割分担と，その遂行を通しての援助チームとしてのまとまりが不可欠です。具体的には，利用者の生活状況や問題について，それぞれの専門的立場から収集された情報と，それに基づくアセスメント，援助目標や援助計画，援助活動の展開方法等の共有をしていきます。また，チームとしての結束力を強化し，効率よく活動をしていくために，定期的なケースカンファレンスが有効です。そこでは，援助活動の統合化を図り，各メンバー間での役割分担を確認するとともに，利用者に伝える内容が援助者によって食い違うことのないように，合意を形成しておくことが大切です。

そして，第1に大切なのは，誰のために，何のためにチームアプローチを活用するのかという根本的原則を忘れると，意図した結果とは逆の結果をもたらすこともあることを認識しておくことです。利用者のニーズの総合的アセスメント，生活の総合的支援のためといいながら，援助者同士の責任の押し付けあいになったり，単なる利用者の管理に陥らないようにしなければなりません。

全国保育士会倫理綱領では，「私たちは，地域の人々や関係機関とともに子育てを支援し，そのネットワークにより，地域で子どもを育てる環境づくりに努めます」としています。また，保育所保育指針では，保育所の役割の1つに，「保育所は，入所する子どもを保育するとともに，家庭や地域の様々な社会資源との連携を図りながら，入所する子どもの保護者に対する支援及び地域の子育て家庭に対する支援等を行う役割を担う」としています。さらに，2004年の児童福祉法の改正により，虐待を受けた児童などに対する市町村の体制強化のために，関係機関が連携し児童虐待等への対応を行う「要保護児童対策地域協議会（子どもを守る地域ネットワーク）」の設置を進めています。保育所保育指針では，保育所が，地域の子どもをめぐる諸課題に対し，要保護児童対策地域協議会など関係機関と連携，協力して取り組むよう努めることとしています。まず，関係機関のメンバー同士が顔見知りになることにより，相互理解が得られ，役割分担をし，協力しながら支援をしていくことが可能になるのです。

2 スーパービジョン

　第5章でも述べましたが、スーパービジョンは、利用者への援助の効果を向上させるために、実践経験豊かで高度な専門知識を有するスーパーバイザーがソーシャルワーカー、訓練途上にある学生のアセスメント、援助計画の内容や展開方法について助言・指導する過程をさします。スーパービジョンはソーシャルワーク実践を支える技法といえます。

　スーパービジョンの目的は、①ソーシャルワーカーの訓練・養成、専門的能力の向上、②利用者へのよりよい援助のため、③ソーシャルワーカーの自己覚知、④機関・施設の社会的責任を果たすため、⑤ソーシャルワーカー同士の有機的なチームワークづくりのため、などがあります。これらの目的を達成するために、スーパービジョンが果たす機能は、管理的機能、教育的機能、支持的機能の3つに整理できますが、これらは個別に存在するのではなく、相補的関係にあります。また、スーパービジョンの形態には、個人スーパービジョン、グループスーパービジョン、ピアスーパービジョン、ライブスーパービジョンなどがあります。スーパービジョンは、一般的には、スーパーバイザーからスーパーバイジー（ソーシャルワーカー）へという専門的力量の差を前提とした上下関係によるもので、スーパーバイザーには、機関・施設内部の経験を積んだ職員が行う場合と、外部から専門家を招いて行う場合があります。それに対して、ピアスーパービジョンは、仲間同士の横の関係によるもので、近年活用されるようになっています。実践の領域・場・内容、ソーシャルワーカーの力量、スーパービジョンの対象などにあわせて、適切な方法を活用することになります。スーパービジョンは、スーパーバイザーが指導・管理が必要と認めて設定されたり、ソーシャルワーカーが実践上の困難をかかえてスーパービジョンを求め設定されることもあります。いずれにしても、スーパービジョン関係は双方の了解を得て、相互努力で展開する協働作業に取り組む関係でなければなりません。

　全国保育士会倫理綱領には、専門職の責務として「私たちは、研修や自己研

鑽を通して，常に自らの人間性と専門性の向上に努め，専門職としての責務を果たします」としています。その方法として，スーパービジョンは有効だといえ，対人援助職が陥りやすい燃え尽き症候群の防止にも役立つでしょう。

> **本章のまとめ**
>
> 　援助対象のサイズがどうであれ，相談援助の基本は，人と人が出会い，信頼関係を築くことにあります。実際の相談援助は，支持や助言，情報提供などの対応で問題解決に至る場合もあれば，関係機関と連携しチームを組んで対応することもあります。保育士に期待されている役割をよりよく果たすために，本章で取り上げた相談援助の技法は力になってくれるでしょう。

Ⅲ　相談援助の具体的展開

　第Ⅲ部では，相談援助の具体的展開について事例を交えながら学んでいきます。まず，計画立案の手続き，相談援助の過程の証拠を示す記録の手法，さらには，援助内容を検証し，援助効果を測定する評価の方法を学びます。次に，関係機関との協働，多様な専門職との連携の実際を学びます。最後に，相談援助において重要な概念である社会資源に焦点をあて，利用者に社会資源を適切に結びつけることはもちろんのこと，必要な社会資源が欠如している場合に開発する手法について学んでいきます。

第9章

計画・記録・評価の実際

ポイント

1 目標設定と目標を達成するための計画の方法を学ぶ。
2 記録の意義と目的，様式，記録での留意点を理解する。
3 シングル・システム・デザイン（単一事例実験計画法）について理解する。

1 事例にみる計画・記録・評価

　本章では，1つの事例を取り上げ，計画・記録・評価について具体的な展開を考えていきます。援助担当者は，家庭児童相談室に勤務しているT家庭相談員です。家庭児童相談室は，家庭における適正な子どもの養育，その他家庭児童福祉の向上を図るため，福祉事務所に設けられています。

事例9-1　子育てに悩む母親

　C子（35歳，母親）が，子育てについて相談したいとのことで，家庭児童相談室を訪ねてきました。C子は，夫，小学2年生（7歳）の長男と保育園児（5歳）の次男の4人家族。2人の子どものけんかが絶えず，どちらかがけがでもするような激しいけんかが頻繁に起こります。C子は2人の子どもをどのように扱ったらよいかわからず途方にくれている様子です。夫は仕事が忙しいことを理由に家では無関心であって，何もしようとしません。

2 計画を立てる

1 | 解決すべき問題と目標設定

　計画とは，援助者と利用者が共同して，将来の目標を取り決め，それを達成するための方策を定め，適切な行動の道筋について選択していく過程です。計画は前の段階のアセスメントをもとにして立案する必要があります。本章の事例では，アセスメントにおいて，次のように問題を確認しました。

〈問題〉
　① 激しい兄弟げんかが頻繁に起きている。
　② どのようにしてけんかを止めさせればよいのかわからない。
　③ Ｃ子は子育てに自信を無くし，無力感を抱いている。
　④ Ｃ子は子育てに協力しない夫に，怒りを感じている。

　アセスメントで明らかになった解決すべき問題について，それをもう一度検討して，問題に優先順位をつけます。話しあいの結果，①と③の問題に優先して取り組むことにしました。次にＴ相談員はＣ子と話しあい，目標を設定します。目標とは，問題が解決された状態のことです。たとえば，「Ｃ子は子育てに協力しない夫に，怒りを感じている」という問題の場合，この問題から導き出される目標は「夫が子育てに協力するようになり，夫への怒りが無くなる」というものです。

〈設定した目標〉（優先する目標から順に並べてある）
　① 子どものけんかが減り，週２回程度となる。
　② Ｃ子が子育てに自信がもてるようになる。
　③ 夫が子育てに協力するようになり，夫への怒りが無くなる。

④　けんかを止めさせることができるようになる。

2 | 目標を達成するための方策

目標を決めたあとで，それを達成するための方策を計画します[1]。計画にあたっては，目標の達成に密接に関連し，またそれを実現する見込みの高い手段を選択します。それぞれの目標について，具体的に何をするのかを取り決めます。「いつ（までに），誰が（誰と），どこで，どのように，何をするのか」（4W1H）を可能なかぎり決めていきます。

「目標①子どものけんかが減り，週2回程度となる」を達成するための計画については，次のように決めました。

〈計画1〉
① 2週間に一度，T相談員が約1時間，C子との個人面接を行う。期間は5カ月間とする。毎回子どものけんかの状況を確認し，どのように対処すればよいのか検討する。子どもとの関係をみつめ直し，子どもの感情について考える。また夫からの協力を得るための方策について話しあう。
② 2週間に一度，T相談員が約1時間，C子，子ども2人との合同面接を行う。期間は5カ月間とする。面接を通して，けんかが起こる要因を考え，けんかをやめるためにはどうすればよいのかを考える。兄弟での話しあいのルールを示し，それについて話しあう。

3　記録をとる

1 | 記録の種類，意義と目的

相談援助で用いられる記録の種類としては，ケース記録（フェイスシート，

---
[1] 山辺朗子『ワークブック社会福祉援助技術演習② 個人とのソーシャルワーク』ミネルヴァ書房，2003年，pp. 45-46。

ケースヒストリー，援助過程等），報告書（機関間での業務上の連絡，紹介状等），通信文（利用者や家族への手紙等），各種の公式書類などがあります。また，利用者自身が目標に関連した出来事または状況について記録する，クライエント・ログ（注釈付記録）が用いられる場合もあります。

記録の意義と目的としては，次の5点があります。

① 援助技術の客観的な把握：援助の内容と経過を記すことによって，所属する施設や機関における援助のあり方を，より正確に客観的に把握し理解することができる。

② 自己の援助の振り返りと評価：自己の援助について，上司やスーパーバイザー（指導者）からの指導を受けることによって，自己の行動や対応を客観的に振り返り評価することができる。

③ 事実や出来事の伝達：援助の場で起きたいろいろな事柄や事実を，他人に正確に伝える資料となる。ケースカンファレンス（ケース会議）においては，検討のための基礎資料となる。

④ 体験や問題意識の進化発展：援助をすすめる中で得た体験や問題意識をその場だけのものとしないで，研究対象として，さらに発展させたり深めたりできる。

⑤ 自己の知識や技術の向上：観察記録や援助日誌の記録は，援助の理論や知識と関連づけることによって，援助技術の向上に役立てることができる。

2 記録の様式

記録の様式としては，①叙述体，②要約体，③説明体があります。

①叙述体とは，時間の経過にしたがって，援助者の説明や解釈を加えずに，起こった出来事だけを記述する文体です。援助内容全体を短くまとめる「圧縮叙述体」，援助の展開過程をくわしく記述する「過程叙述体」に分けられます。

圧縮叙述体とは，集められた資料や事実の中から，あるいは1日の出来事や援助経過の中から必要な内容を選び出し，その要点をまとめて記録する方法です。実践の現場で用いられている記録の大部分は，この圧縮叙述体です。

〈圧縮叙述体の例〉

　　C子，子ども2人が来所して，話しあいをした。援助者がけんかの様子を尋ねたところ，兄はいつも弟から暴力をふるってきて，それに応じているうちにけんかが激しくなってしまうといった。それに対して弟は，兄はいつも「おまえはダメな奴だ」とひどいことばかりいうので，ついカッとなって手を出してしまう，力が弱いのでいつもひどくなぐられてしまうといった。C子はけんかのときは，ただみているだけしか方法がないと語った。

　圧縮叙述体は，集められた資料や事実の中から意味のあるものとそうでないものとを分別して記録しなければならないため，何が重要で何が重要でないかを見分ける能力が求められます。したがって，初心者はまず逐語記録をこころがけ，ある程度その表記方法に習熟したのちに，この圧縮叙述体を取り入れるようにするのがよいとされています。

　逐語記録とは，利用者と援助者とのやりとりを時間の経過とともに克明に記述したもので，過程叙述体に分類される記録方法の1つです。極端な場合は，一語一句書き漏らさないで記録されるので，この記録を読めば，そのときの場面や状況を具体的によく理解することができます。しかし，記録するのに大変な時間と労力を要するために，すべての記録をこの方法で行うことは困難です。一般には，初心者が研修のため，ある時間や場面を抽出して詳細に記録するときに用いたり，事例研究として，とくにスーパーバイザー（指導者）から指導助言を受けるような場合に用いられます。

〈逐語記録の例〉

　　T相談員：どのようにしてけんかが始まるのか，たつや君から話してくれる？
　　たつや：このあいだひろしが僕のゲーム機を貸してほしいといってきたんだ。「おまえになんか貸すもんか」といったら，いきなりひろしがつかみかかってきたんだ。

C子：たつや，たまにはひろしにも貸してあげなさい。
T相談員：お母さん，たつや君の話をさえぎることはやめましょう。話を聞きましょう。

②要約体とは，事実を時間の経過とともに記録するのではなく，事実のポイントを整理して記録したものです。要約体は生活歴や長い経過のケースをカンファレンス等に出す場合など，ケースをまとめなおす場合に用いられます。

③説明体とは，援助過程で起こる出来事に対しての援助者の解釈や分析，説明などを行う文体です。説明体で記録を行う場合には，それが援助者の解釈や意見であることを明記する必要があります。

3 主観的判断と客観的事実の区別

実際の記録では，これらの各文体が必要に応じて使い分けられ，組み合わされて用いられることが一般的です。記録を書くときには，援助者の主観的判断（意見や見解）と客観的事実をつねに区別して記述するようこころがけることが大切です。主観的判断と客観的事実をあいまいに混同して記すことは避けなければなりません。

〈主観的判断と客観的事実が混同されている例〉
　妻は夫のことを嫌っていて，面接のあいだ夫の顔をみようともしなかった。
〈主観的判断と客観的事実が区別されている例〉
　妻は固い表情で，夫の子どもに対する無関心についてT相談員に訴えた。その間夫に話しかけたり，同意を求めることはなかった。

また，「困った」「いうことを聞いてくれなかった」「うまくできなかった」というような記録には，必ずその前後の経過や状況を付記し，事柄の関係性を明らかにします。「いつ，誰が（誰と），どこで，どのように，何をしたのか」（4W1H）といったことを念頭に置くことが大切です。

〈修正前の記録〉

けんかが激しくなり，私のいうことは聞いてくれず，どうしようもなかった。
（表現が抽象的であり，状況の説明がない）

〈修正後の記録〉

兄弟の言い争いが激しくなったので，私は「お互い冷静になって話しあいましょう」といったが，2人ともそれを無視して，興奮状態で相手をののしりあった。

④ 評価の方法

1 援助内容の検証と効果の確認

評価とは，援助の内容を検証し，援助の効果を確認する作業を意味します。設定した援助目標を達成するため，また客観的で科学的な援助を行うため，評価は重要な意味をもっています。援助の途上において，また終結の前提として，つねに援助内容や効果について振り返り，必要に応じて評価を実施することが求められます。

適切な評価を行うためには，アセスメント段階において問題状況や問題構造を整理し，援助目標や援助方法を明らかにし，また効果を誰が測るのか，どのような基準で何を測るかなど，評価基準や対象を定めていることが必要です。また評価は援助者だけでなく，利用者の参加を得て行うことが大切です。

評価には，大きく分けて，援助が進行している間に行われる評価（モニタリング）と援助が終了したあとで行われる評価（事後評価）の2つがあります。

援助の効果について知る方法として，実験群（援助を受けているグループ）のほかに統制群（援助を受けていないグループ）を設け，その違いを比較するグループ間比較実験計画法があります。しかし，相談援助において，援助を受けていないグループをつくることには倫理的な問題があり，またそれを実行するためには多くの費用や人手がかかるため，この計画法の実施は困難です。そこで，

それに代わる方法として，シングル・システム・デザイン（単一事例実験計画法）[2]が用いられます。この計画法の中でも基本となるA-Bデザインについて次に説明します。

2 シングル・システム・デザインのA-Bデザイン

A-BデザインとはA期とB期のデータを比較することによって，効果を確認する方法です。A期はベースライン期（基礎線期）とよばれ，援助が行われていない普段の日常生活場面での利用者の状態をさします。B期は援助期といい，問題の改善のために具体的な援助を行う期間のことです。

図9-1は，C子さんの子どものけんかを減らすことを目標として，主として面接による援助が行われている事例の記録を示したものです。子どものけんかの状況を測定するために，T相談員はまず最初にC子さんに家庭でのけんかの状況と1週間あたりの回数を記録してもらうように依頼しました（クライエント・ログの作成依頼）。援助が始まる前（A期）と援助が行われている間（B期）において，けんかの回数を測定し，その結果をモニタリングしています。A期とB期のデータを比較すると，援助が始まってから子どものけんかの状況が改善したことが確認できます。現在の援助方法を続けていくことが，T相談員とC子さんの間で合意されました。しかし，援助以外の要因が，状況の改善に寄与しているかもしれません。そのため，これだけのデータでは，援助によってこの変化がもたらされたかどうかは判断できません。C子さんにほかの要因（たとえば，夏休みで兄が長期間不在であった，弟が病気で寝込んでいたなど）の影響が考えられるかどうかを質問することも必要です。

口論の回数や夫が子育てに参加した回数など，観察などによって問題や援助目標をある程度客観的に測定し，数値化できるような場合には，具体的な指標を得ることができます。しかし，中には測定や数値化が困難な場合があります。たとえば，人間関係における精神的ストレス，不安感，無力感など，利用者の

---

[2] 平山尚・武田丈・藤井美和『ソーシャルワーク実践の評価方法——シングル・システム・デザインによる理論と技術』中央法規出版，2002年，pp.162-256。

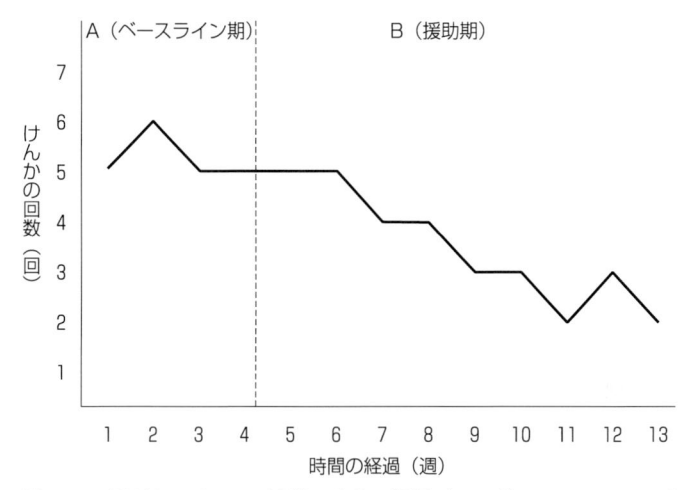

図9-1 子どものけんかの回数の変化の記録（シングル・システム・デザインのA-Bデザイン）

表9-1 無力感の自己測定スケールの例

1	2	3	4	5
無力ではない	少し無力感	多少無力感	強い無力感	とてもひどい無力感

表9-2 目標達成度チェック表

利用者名		援助者名		評価日	年	月	日
目　標				達成できていない	半分達成		ほとんど達成
①子どものけんかが減り，週2回程度となる				1　2	3	4	5
②C子が子育てに自信がもてるようになる				1　2	3	4	5
③夫が子育てに協力するようになり，夫への怒りが無くなる				1　2	3	4	5
④けんかを止めさせることができるようになる				1　2	3	4	5

出所：山辺朗子『ワークブック社会福祉援助技術演習② 個人とのソーシャルワーク』ミネルヴァ書房，2003年，p.59をもとに作成。

　主観が中心となる問題では，利用者自身の主観的評価が重視されることになります。利用者の語ることばを重視し，援助者からの洞察も含め，話し合いの中で評価をすすめることが重要となります。そのようなときには，標準化された

Ⅲ　相談援助の具体的展開

スケール（尺度）を用いたり，自己測定スケールを作成することで，測定や数値化が可能となります。たとえば，無力感が問題となっているときには，表9-1のような自己測定スケールを作成します。

　あらかじめ設定された援助の期間が終わったり，あるいはモニタリングによって目標がある程度達成できていると考えられた時点で評価を行います。これを事後評価といいます。「目標達成度チェック表」（表9-2）などを用いて，援助者と利用者が共同して目標の達成度を評価します。

　事後評価において，目標達成がなされたと判断され，利用者が終結に合意した場合には，終結に向けての準備が始められます。終結の準備においては，利用者の不安を取り除くよう留意することが大切です。

本章のまとめ

　計画では，目標を設定し，それを達成するための方策を明確にします。記録の方法としては，圧縮叙述体がよく用いられています。評価の基本となる方法には，シングル・システム・デザイン（単一事例実験計画法）があります。

第 10 章
関係機関との協働

● ● ●

ポイント

1 関係機関との協働が求められている背景について理解する。
2 関係機関との協働のかたちを学ぶ。
3 組織間の交流と協力を促進する技術について学ぶ。

1 協働が求められる背景

　医療・保健・福祉などそれぞれの援助機関は，ある決められた役割と働きを担っていて，それに合った利用者に対して，専門化したサービスを提供しています。近年，対人援助にかかわる施設や機関には，関係機関との協働が求められるようになってきました。多くの課題をかかえており，多くの満たすべきニーズがある利用者を考えてみましょう。その利用者に対しては，1つの機関や施設では，ある特定のニーズを満たすことはできても，すべてのニーズを充足させることは困難です。そこで，そのような利用者を援助するときには，ある機関の担当者が中心となって，関係する機関と連携をとり，調整を行いながら，援助をすすめていく必要があります。

　自らが所属する機関においては，どのような関係機関との協働が必要なのか，担当する事例においては，どのような関係機関に協力を求めればよいのか，つねに意識して援助に取り組むことが大切です。たとえば，保育所において求められている協働には，①保健医療における協働，②母子保健サービスとの協働，③食育の取り組みにおける協働，④障害等のある子どもに関する協働，⑤虐待防止等に関する協働，⑥災害等の発生時における協働，⑦小学校との協働などがあります。

2 協働とは

　協働とは、文字通り、複数の援助者や援助機関が協力して働くことで、「利用者へのサービスの特定の局面について、それぞれ責任を持つ2人以上の援助者がいる状況」を意味します。

　異なる機関の間の関係として、競争（competition）から、協力（cooperation）、調整（coordination）を経て、協同（collaboration）に至るまでの4つのあり方があるとされています。ソーシャルワークの領域では、協働を表す英語はcollaborationです。本書では、協働を、協力、調整、協同を含むものとし、幅広い意味で使います。

　機関の間が競争（たとえば利用者を獲得するために競いあっている）の状態にあるときは、資源や情報が共有されることはありません。

　協力の特徴は、非公式の関係であることであり、共通に定められた使命、構造、計画された業務はありません。情報は必要に応じて共有され、業務上の権限はそれぞれの組織が有しています。資源や得られた成果は共有されないままです。

　調整の特徴は、より公式な関係であり、果たすべき使命が互いに矛盾なく理解されていることです。計画や役割の分担がいくらか必要とされ、コミュニケーションの経路が確立されます。業務上の権限はいまだそれぞれの機関にあります。携わっている人は資源を利用することができ、得られた成果は相互に認識されます。

　協同とは、より永続性があり浸透した関係です。協同によって、以前は分かれていた組織が、共通した使命のもとでかかわる新しい構造を生み出すことに

---

(1) 厚生労働省編『保育所保育指針解説書』フレーベル館，2008年，pp. 177-178。
(2) L. ジョンソン・S. J. ヤンカ著，山辺朗子・岩間伸之訳『ジェネラリスト・ソーシャルワーク』ミネルヴァ書房，2004年，p. 153。
(3) Sheafor, B. W., Horejsi, C. R., and Horejsi, G., *Techniques and Guidelines for Social Work Practice* (5th Edition), Allen and Bacon, 2000, p. 431.

なります。このような関係では，包括的な計画と多くのレベルで明確に定められたコミュニケーションの経路が必要となります。協同の仕組みによって業務上の権限が定められます。資源は共同で管理され，得られた成果は共有されます。

③ 関係機関との協働のかたち

関係機関との協働のかたちとして，主に①連絡・通報，②協力，③ネットワークの形成，④多機関・多職種からなるチームの4つがあります。次にそれぞれの協働のかたちについて説明します。

1 連絡・通報

第1に援助を担当している利用者について，他の機関や施設に連絡もしくは通報するという協働のかたちがあります。たとえば，保育所で働く保育士は，日常的に子どもと密接なかかわりがあり，子どもの状態や様子をよく把握しています。ある子どもが不自然なけがをしていたり，やけどをしているときは，虐待が疑われます。そのような場合，保育所は児童相談所などの公的機関に通告する義務があります。児童虐待の防止等に関する法律第6条第1項には「児童虐待を受けたと思われる児童を発見した者は，速やかに，これを市町村，都道府県の設置する福祉事務所若しくは児童相談所又は児童委員を介して市町村，都道府県の設置する福祉事務所若しくは児童相談所に通告しなければならない」と規定されています。

また，保育所では，小学校への就学を控えている子どもが，小学校を訪問したり，小学生と交流する機会を設けて，子どもが小学校生活に対する見通しをもてるようにします。また，すべての保育所入所児童について，保育所から就学先となる小学校へ，子どもの育ちを支える資料を「保育所児童保育要録」として送付することになっています。

利用者を他の援助機関や施設に委託・紹介することもあります。相談援助の

過程において，利用者のニーズを充足させるためには他の機関の方が機能的にみて適切であると考えられる場合や，利用者に対するサービスが終了した場合に行われます。

2 協　力

　第2に利用者について，他の機関や施設と協力して，援助を展開するかたちがあります。たとえば，保育所では，体調不良，食物アレルギー，障害のある子どもの食事について，どのような食事がふさわしいか，調理員だけでは判断できないときがあります。そのようなときには，嘱託医やかかりつけ医，医療機関，療育機関などの指示や指導を受けて，適切に対応することが求められます。

　また，発達の遅れなど障害のある子どもが，保育所に通所しながら，障害の治療や教育を専門とする医療機関や施設にも通っている場合があります。そのようなとき保育所は，保護者の了解を得て，専門機関と連絡をとり，保育や治療の情報を交換しながら，それぞれの援助を展開していきます。次の事例は障害のある子どもとその保護者の支援において，関係機関が協力した事例です。[4]

事例10-1　障害のある子どもとその保護者の支援

　K児は，3歳児クラスから公立保育所に入園しました。なかなか集団になじめず，1人で黙々と遊んでいることがよくありました。4歳児クラスになってからは，保育者のクラス全体への指示に応じられず，集団活動から抜け出す姿がこれまで以上に目立ち始めました。園内の職員間連携だけでは，対応に行き詰まることも多くなり，母親の同意を得て，保育巡回相談を依頼することになりました。巡回相談員は，K児の行動観察と発達検査を行い，発達の特徴と対応について次のように整理しました。①知的な遅れはないが，認知的なアンバランスがあり，聴覚的認知が苦手。②対人的相互作用が成立しにくく，社会的状況理解が苦手。

---

(4) 日本保育学会保育臨床相談システム検討委員会編『地域における保育臨床相談のあり方』ミネルヴァ書房，2011年，pp. 160-165。

③言葉かけよりも，写真や絵カードをみせたりする方がよい。④手先が不器用。できれば地域の療育センターで作業療法士（以下，OT）による専門指導をすすめたい。

　園長と担任から母親に巡回相談の内容を伝えたところ，母親からもK児の今後に対する心配が率直に語られ，療育センターへの通所に前向きとなりました。その後，K児は母親とともにセンターに通い，月2回のOTによる個別指導，半年に1回の心理士による評価面談を受けることになりました。保育所のクラス担任は，母親を通して，センターでの指導内容を聞いています。また先日は，個別指導担当のOTが保育所に来て，製作や食事場面でのK児の様子を見学しました。OTから，保育の中で運動発達を促す手立てや，保育環境整備についての助言をもらいました。

　子どもに関するさまざまな問題に対応する専門機関として，児童相談所があります。児童福祉法に基づいて，都道府県および政令指定都市に設置される児童福祉行政の中心的な機関です。家庭などからの相談に応じ，子どもが有する問題やニーズ，子どもの置かれた環境状況を的確にとらえ，個々の子どもや家庭にもっとも有効な援助を行い，それによって子どもの福祉を図るとともにその権利を保護することを目的として設置されています。

　児童相談所には，その業務を遂行するために，所長，児童福祉司，心理判定員，一時保護所職員などのさまざまな担当職員が置かれています。児童福祉司は，担当区域内の子どもや保護者からの相談に応じ，必要な調査と判断を行います。また，決定された援助にしたがって，子どもや保護者に対して必要な助言，指導を行います。一般に，ケースワーカーとよばれています。児童福祉司のある日の仕事をみてみましょう。[(5)]

---

(5) 日本経済新聞，2004年9月30日付をもとに作成。

Ⅲ　相談援助の具体的展開

――事例 10 - 2　児童福祉司の 1 日――――――――――――――――――

　児童福祉司の内田さんは現在，家庭の事情や虐待，非行，心身の問題で児童養護施設に預けられたり，在宅で様子をみている子どもら約90のケースを担当しています。さらに次々に入る新規の相談をつねに20件近くかかえています。

　9月下旬のある日，午前9時過ぎに，内田さんは都内にある児童相談所を出発しました。まず，経済的な理由で児童養護施設に入っている小学校6年生のA子さんの母親を捜すため，住民票に書かれた東京近郊の住所を訪ねました。道に迷いながらアパートにたどり着きましたが，違う名前の表札がかかっていました。階下の住民や不動産会社に聞いても，行き場所はわからずじまいでした。つぎは都内の多摩地区にある児童養護施設に。非行を心配した親の依頼で施設に入った中学生，B君の様子を聞くためです。カウンセラーの女性とともにB君と話します。「学校どう？」「…楽しい」。はにかみながらも新しい環境になじんでいる様子に，内田さんはホッとしました。さらに別の施設に移動。入所している高校生のC子さんや職員にじっくり話を聞くと，もう午後8時近くになりました。

　このように児童相談所では，子どもを施設に措置したあとも，定期的に施設と連絡をとり，訪問することによって，子どもの様子を把握します。また，このような活動を通して，日頃から協働する関係をつくっているのです。

3　ネットワークの形成

　関係機関との協働のかたちであるネットワーク形成の例として，市役所の児童福祉担当職員（保育士）の声が起点となって作られた「子どもを守る地域ネットワーク」[6]を紹介します。

―――――――――――
(6) 厚生労働省「要保護児童対策地域協議会（子どもを守る地域ネットワーク）スタートアップマニュアル」2007年，pp. 19-29。

第10章 関係機関との協働

--- 事例 10 - 3 子どもを守る地域のネットワークづくり ---

　S県のN市役所の子育て支援課に勤務する保育士の宇佐美さんは，虐待問題が深刻化する中で，関係機関の連携の必要性を強く感じるようになりました。職場の上司や同僚，県の児童相談所，教育委員会などに，実務者からなるネットワークの設置を粘り強く訴えました。その結果，2000年に，児童相談所，市の子育て支援課，教育委員会，主任児童委員連絡会の4機関からなる実務者会議が設置されました。子育て支援課が事務局役を担う中で，担当者が定期的に顔をあわせ，継続してケース検討を行ったり，各機関からみた虐待やその対応の報告，専門的な知識の研修を実施しました。会議では，お互いが良く知り合うことで，日頃の実務の連携がスムーズに進むよう心がけました。その後，会議には警察や教育相談所が加わりました。

　2006年の法改正により，それまでの実務者会議は，要保護児童対策地域協議会（子どもを守る地域ネットワーク）の一部門となりました。個別ケース検討会議，虐待防止会議，代表者会議から活動は成り立っています。個別ケース検討会議では，個別の要保護児童の把握と問題点の確認，援助方針確立と役割分担決定，がなされています。それを受けて，虐待防止会議では，定期的な情報交換，要保護児童の全体把握，ケースの総合的な把握，啓発活動を行っています。宇佐美さんは現在，子育て支援課の主査として，虐待防止会議と代表者会議の事務局長をしています。

　保育所は，この要保護児童対策地域協議会の一員となることによって，要保護事例の検討会議に出席し，関係機関との役割分担の中で，子どもや子育て家庭の支援をしていくことが期待されます。

　ネットワークの形成で注意すべきこととして次の4点があります[7]。第1は，ネットワークの設置目的を明確にすることです。趣旨の確認，現状と課題を明確にすることが重要です。また，そのために参加メンバーが実態調査や現場で

---

(7) 野川とも江・高杉春代「地域包括支援センターにおける多機関・多職種の連携と協働」『ソーシャルワーク研究』34(4)，2009年，pp.29-30。

の聴き取りに参加し，現状や課題を自分の問題として体感することができるようにしていくことが必要です。第2は，ネットワークの機能や役割を明確にし，期待される成果（到達点の予測や到達目標）を明らかにすることです。第3は，ふさわしいメンバーで構成することです。期待される成果を明らかにすることで，どのような人が適切であるかを考えることができます。目的をよく理解していて，所属団体への影響力のある人がメンバーとして選出されるように配慮します。そうして選ばれたメンバーがネットワークを活性化させる原動力となります。第4に，事務局体制を明らかにすることです。事務局を組織上で明確にしておかなければ，情報は分散し，責任があいまいになります。事務局職員には熱意と行動力のある職員を置くことが重要です。

4 多機関・多職種からなるチーム

　ネットワーク形成からさらに進んだ協働のかたちとして，複数の機関や多職種からなるチームによる援助があります。たとえば，児童虐待への対応や防止のためには，保育士とソーシャルワーカー，医師，看護師，保健師，弁護士など多様な専門職がチームとして1つになって取り組むことが必要とされます。事例10-3に出てくる要保護児童対策地域協議会も，チームによる援助の代表的なかたちといえます。また，チームによる援助は，高齢者福祉の分野で以前より活発に取り組まれてきました。介護保険の開始によって，高齢者の在宅ケアの分野ではケアマネジメントの仕組みが導入されました。ケアマネジメントでは，多機関の多職種から構成されたチームで援助を行うことが一般的です。チームは，地域包括支援センターのケアマネジャー（介護支援専門員），ホームヘルパー，病院の看護師，老人ホームの相談員，デイサービスセンターの職員などから構成されます。ケアマネジャーは，多くの専門職をまとめ，本人と家族にとってふさわしいケアの計画をつくり，それを実行に移します。このような多機関・多職種からなるチームについては，第11章でくわしく説明します。

4 交流・協力を促進するために

1 人間関係を築く

　関係機関との協働の前提として，自らが所属している職場において，人間関係を築くことが必要です。(8)職場での他の職員との関係は，仕事上の関係であり，友情とは異なります。同じ目的をもって働くという面で，共通性があります。職場の人間関係には，上下関係と横の関係があり，いずれも協力しやすい関係を築くようにします。人間関係はいつも良好であるとは限りませんが，意見の相違から争うことがあっても話しあいで解決できる関係を築く必要があります。また，助けが必要なときに，協力してもらえる関係を築くことも重要です。職場でしっかりとした人間関係と立場を築いていることが，関係機関との協働のうえで，その基礎となります。

2 協力，交渉，渉外の技術

　関係機関との協働においては，協力，交渉，渉外の技術が必要になります。協働をすすめていくためには，まず機関の集まりや会合，研修会に積極的に参加し，ネットワークづくりをすることが必要です。たとえば，福祉機関の相談員は，外部のいろいろな会合に出席する機会があります。そのような場合，自己紹介の一部として，代表している機関・施設の目的と仕事内容を説明することを求められます。その紹介内容が正確で明瞭であると，他の参加者に相談員ならびに福祉機関についてよい印象を与え，そのことは，他機関との関係を築く一歩ともなります。

　関係機関についてよく理解することも大切です。文書を読んだり，関係機関の人に直接質問をしたりして，正確な知識を得るようにします。たとえば，法

---

(8) 平山尚・平山佳須美・黒木保博・宮岡京子『社会福祉実践の新潮流――エコロジカル・システム・アプローチ』ミネルヴァ書房，1998年，p. 208。

律上の位置づけ，機関の機能と役割，機関が提供しているサービスやプログラムの内容，どのような専門職員が働いているか，またその職務内容，サービスを利用するためにはどのような要件が求められるか，利用者負担などについてです。

3 | 調整，仲介，情報発信の役割

　組織間の交流と協力を促進するために，援助者は，調整，仲介，情報発信などの役割を果たします。仲介的役割を果たすためには，組織間にある縄張り争い，職員がそれぞれの役割をよく理解していないことによる混乱，性格の違いから起きる人間関係の葛藤などを把握しながら，話しあいをすすめていくことが必要です。また，何か新しい社会資源，プログラム，法律，規則などの情報が入ったら，すぐに他の機関や団体に知らせる必要もあります。インターネット，コンピュータ，携帯電話の発達でこのような情報交換が迅速に行われるようになってきています。

4 | 利用者の個人情報の取り扱い

　利用者の個人情報の取り扱いに配慮が求められます。2005年4月に個人情報の保護に関する法律（個人情報保護法）が全面施行されました。この法律は，民間事業者に対し，取得時に示された利用目的の範囲を超えて個人情報を利用すること，本人の事前承諾なしに第三者に提供することなどを，原則として禁止しています。さらに，管理不十分が原因で外部漏洩した場合にも責任が問われます。これを契機にして，個人情報保護法に対して過剰ともいえる反応が多く起こっています。福祉関係では，民生委員・児童委員が，市町村や事業者から，活動に必要な個人情報の提供を拒否されるケースがあります。さらに，地震等の災害時に支援が必要な高齢者，障害者等のリストを災害発生に備えて作成しようとする場合も，本人から情報提供を拒まれたらどうすればいいのか，このリストを関係機関の間で共有することがいいのか，関係者が悩むことがあります。

利用者の個人情報の取り扱いに臆病になるあまり，機関間の協働をあきらめる場合があります。そのような事態を避けるために，事前に利用者に個人情報がどのように取り扱われるのかを説明し，関係機関への個人情報の開示について了解を得ておくことが求められます。必要な場合には，了解された事項を書類で残しておくようにします。

　以上のように，援助者はまず最初に，職場での人間関係を築くことが求められます。組織間の交流と協力を促進するために，協力，交渉，渉外の技術を身に付け，調整，仲介，情報発信の役割を果たし，利用者の個人情報の取り扱いに配慮します。

本章のまとめ

　協働とは，複数の援助者や援助機関が協力して働くことです。関係機関との協働のかたちとして，連絡・通報，協力，ネットワークの形成，多機関・多職種からなるチームがあります。協働には，組織間の交流・協力を促進する技術が求められます。

第 11 章

多様な専門職との連携

● ● ●

ポイント

1 専門職間の連携のあり方について理解する。
2 多職種チームで求められる能力について理解する。
3 会議の進め方や葛藤の解決方法を理解する。

1 専門職間の連携の必要性

　多様で複雑な問題をかかえる利用者にかかわるサービス機関や職員が，互いに連絡や調整もなく，その利用者を援助しているとしたなら，利用者のニーズを満たしたり，問題を解決したりすることはできません。そのような利用者への援助では，多様な専門職間の連携が重要です。連携といっても，連絡・調整などゆるやかな連携から，チームによる協働まで，連携のあり方にはさまざまな種類や状態があります。たとえば次のような事例があります。[1]

事例11-1　子ども病院で働く保育士

　K県立こども医療センターでは，7つある病棟に1人ずつ保育士を配置し，入院している子どもたちに保育を提供しています。保育士は医療チームの一員として，子どもたち1人ひとりの成長発達に応じた保育の提供をめざしています。病棟内のプレイルーム，病室，ベッドサイドで子どもの体調に合わせて季節を取り入れた活動を行っています。子どもが楽しく参加し社会性を学び，生活経験が豊かなものになるよう，日々の保育を工夫しています。

---

(1) 原田眞澄「入院患児にとって医療保育がもつ意味」『中国学園紀要』7，2008年，pp. 69-75。

第11章　多様な専門職との連携

> 病棟で働く保育士の石川さんはつぎのように語ります。「毎朝，すべての入院患児のベッドサイドを回り，保育士独自の観察をしています。観察結果に応じて保育内容を計画し，必要な場合には，医療スタッフに報告し適切なサポートを求めています」「季節ごとに行事を企画していて，先週はハローウィンの行事でみんなでクッキーを焼きました。ベッドのままでも，車イスでも，独歩でも病棟中の子どもが集まってとても賑やかでした。作ったクッキーを喜んで食べてくれました」「病棟内のプレイルームは，保護者にとっての保健室といわれていて，付き添っている保護者が，保育士に話しにこられることがよくあります」「朝の申し送りや定期的に開かれるチームのカンファレンスでは，遊びのときの子どもの様子，保護者の情報などを報告しています。病院の環境づくりについて提案をすることもあります」。

　このようにそれぞれの専門職が連携し，ある場合にはチームを組んで，利用者への援助が行われている例は他にもあります。たとえば，児童相談所においては，子どもの問題状況について，医師，ソーシャルワーカー，心理士，保育士がそれぞれ，医療アセスメント，社会アセスメント，心理アセスメント，行動アセスメントを行い，専門職の話しあいによって，それらが統合されたアセスメントとなり，子どもへの援助計画がたてられます。

　多様な専門職との連携を考えるうえで，ケアマネジメントという考え方が有効だといえます。介護保険の開始にともなって，高齢者ケアの分野でケアマネジメントの仕組みが導入されました。ケアマネジメントとは，複雑で多様なニーズをかかえ，独力ではそのニーズを満たすための援助を入手することができない人に対して，種々のニーズを，制度化されているサービスや非公式なサポート，さらには利用者の能力とを適切に連結させて，利用者のニーズを充足させる援助の方法です。ケアマネジャー（介護支援専門員）は，介護福祉士，看護師，ホームヘルパーなどからなる専門職をまとめ，本人と家族にとってふさわしいケアの計画をつくり，それを実行に移します。また，以前から病院にお

いては，医師を中心とする医療チームによって，救急医療や退院援助の計画がたてられ，援助が行われています。この章ではケアマネジメントの考え方を参考にしながら，多様な専門職との連携を考えてみましょう。

2 チームとは

　チームとは，「明確な共有された目標を達成するために協働して働く，異なった課題をもった2人以上の人達」(2)を意味します。対人援助を行うチームは，以下の3点から分類できます。それは(1)「多職種チーム」と「単一職種チーム」(3)，(2)「多機関のメンバーから構成されたチーム」と「単一機関のメンバーから構成されたチーム」，そして(3)「病院・施設内で活動するチーム」と「地域（在宅）で活動するチーム」です。これらの関係を図示すると表11-1のようになり，①から⑧までの8つのチームのタイプが考えられます。

　この中で多職種チームは①②⑤⑥です。①は多機関から集まった多職種のチームで，活動場所が病院や施設を例に考えると，複数の医療機関などのメンバーから構成された入院患者や入所者を対象に活動する多職種チームとなります。②は1つの病院や施設の中の多職種チームであり，典型的な多職種チームといえます。⑤は地域を活動場所とする多機関の多職種から構成されたチームで，高齢者の在宅ケアチームの一般的な形です。⑥は単一機関の多職種のチームであり，1カ所に集まったいわゆる統合型の施設で，提供するサービスをすべて単一機関で提供しています。

　多職種チームは，その内容によって，以下の2つに分類されています。(4)

　1つは，それぞれの専門職がサービス計画を独自に作成するチームの形があります。一般的に各専門職は利用者のアセスメントを独自に行います。医療機

---

(2) Brannick, M. T. et al. (eds.), *Team Performance Assessment and Measurement*, Lawrence Erlbaum Associates, 1997, pp. 3-16.
(3) 菊地和則「多職種チームの3つのモデル」『社会福祉学』39(2), 1999年, p. 277。
(4) GITT Topic 1: Teams and Teamwork, pp. 13-14.

表11-1　活動場所・職種数・機関数によるチームのタイプ

活動場所						
病院・施設など			地域（在宅）			
	多機関	単一機関			多機関	単一機関
多職種	①	②		多職種	⑤	⑥
単一職種	③	④		単一職種	⑦	⑧

出所：菊地和則「多職種チームの3つのモデル」『社会福祉学』39(2)，1999年，p.277。

関を例に考えると通常は医師がサービスを指示し，ケアを調整します。メンバーが会うことはありますが，各専門職が独自の計画を付加的なサービスとして実行に移します。ケア全体の中に利用者と家族の目標を位置づけるとは限らず，ある専門職の目標が他の専門職とつねに共有されるわけではありません。ケアマネジャーが他の専門職よりも，ケア計画の過程をコントロールし，多くの情報を得ることがよくあります。このようにケア計画と目標設定において協働が欠けていることで，利用者と家族へのかかわりが一貫しないことにつながります。

　もう1つは，異なる専門職が協働してアセスメントしケア計画を作成する形です。共通の目標が設定され，各専門職はその目標を達成するために働きます。ケアは相互に関連し，調整されます。協働して意思決定することが規範となっています。

③　求められる能力

　多職種チームのメンバーに求められる能力として，基本的な対人援助の姿勢・態度，専門職の能力があります。まず基本的な対人援助の姿勢・態度とは，すべての対人援助職に求められる基本的な対人関係を形成するための能力です。

---

(5) 松岡千代「多職種連携のスキルと専門職教育における課題」『ソーシャルワーク研究』34(4)，2009年，pp.44-45。

具体的には，きちんとしたあいさつ，状況にふさわしい会話，傾聴や共感，他者との交渉など対人援助の基礎的な技能が含まれます。とくに，多職種チームにおける効果的なコミュニケーションとして，感じたこと気づいたことを示す，物事のとらえ方の相違点や類似点について話しあう，話しあって意見の合意を図るという能力が必要になります。

専門職の能力とは，チーム内で役割分担された職務または状況に対して，効果的ですぐれた業績を生み出す個人の力量を意味します。多職種チームの業績を高めるためには，個人が有能であることに加えて，それぞれの専門性が高いことが求められます。すなわち，援助者は援助者として十分に成熟し，それぞれの専門性の中でその役割や機能を果たす能力をもっていることが前提となります。多職種チームワークの過程では，他の専門職との間にさまざまな葛藤や対立が生じます。その中で自らの専門性に基づいた意見や主張を表明することができないのであれば，多職種チームに参加する意味はあまりありません。それゆえ自らの専門性とは何か，他の職種と異なっている点は何か，どのような点で多職種チームに貢献できるのかについて普段から自問自答し理解し，それを言語化できるようにしておくことが必要です。

④　チームの長所を最大限に発揮するために求められること

チームの長所を最大限に発揮するためには，チームワークのあり方や，チームメンバーに期待されている個人の役割を理解することが必要です。どのようにすればチームワークのとれた集団になることができるのか，チームのメンバー個人は，どのようなことに留意しながらチームにかかわることが求められるのでしょうか。ここではチームの長所を最大限に発揮するために重要となる項目として，①チームとチームメンバーの現状についての理解，②メンバーの役割と責任の明確化，③メンバー間および利用者との円滑なコミュニケーション，④会議の進め方や葛藤の解決方法，の4点について述べます。

1 チームとチームメンバーの現状についての理解

　チームには，サービス提供機関内でスタッフが組んでいるチーム，地域で多くの機関がメンバーとなって組むチームなど，多様な形態があります。またメンバーの構成には，単一職種・多職種，単一機関内メンバー・多機関のメンバー，専門職のみのメンバー・専門職外のメンバーを含む場合などのバリエーションがあります。自分が属するチームの種類，メンバーの構成とその特徴を理解することが求められます。

　チームの形成にあたっての課題は，メンバーと契約を結び，チーム運営の基本的なルールを確立することです。[6]したがって，チームに参加するすべての人が，出席，参加，構成，リーダーシップ，意思決定，責任の割り当て，採用する援助方法などについて，チームがどのように運営されるのかを明確に理解することが求められます。このような重要なことがらについて，明白に言い表されないままに，チームが運営されていることがよくあります。

　チームがどのように仕事を進めていくのかについて理解することも大切です。ケアマネジメントにおけるチームの援助過程は，受付，スクリーニング，アセスメント，ケア計画の作成，モニタリング，評価，終結から成り立っています。各過程における，仕事の内容と手順，援助方法，メンバーの役割を理解し，その際に利用可能な資源を明らかにすることも求められます。

　また，メンバーが所属する組織，機関，管理者から，チームはどのような役割を期待されているのか，またどのような権限を与えられているのかについて理解することも大切です。構成メンバーの安定度について考えることも必要です。構成メンバーが固定されていることが，チームのまとまり（凝集性）を高めることにつながります。非常勤のメンバーが多いことなどによって，メンバーの出入りが激しいと，新しいメンバーに対するガイダンスがそのつど必要となります。また新しいメンバーがチームの方針を理解し，業務に慣れるまでに

---

[6] Abramson, J. S. and Rosenthal, B. B., "Interdisciplinary and Interorganizational Collaboration," *Encyclopedia of Social Work* (*19th edition*), NASW, 1995, p. 1484.

時間を要することで、チームの効率が落ちることになります。

2 メンバーの役割と責任の明確化

チームに参加したメンバーは、自らの役割について次のような疑問をもっています。私の役割の範囲はどこまでなのか。すなわち私の仕事は何なのか。他の人は一体何をすることになっているのか。もし自分以外の人がこの仕事ができるとすると、その仕事を誰に任せるのかはどうやって決めたらよいのか。誰が、私に何をすべきかいってくれるのか。これらの疑問に答えるために、メンバーの役割とそれに伴う権限と責任を明確にすることが必要となります。

多くのメンバーは、それぞれの専門的な仕事において高度な技能をもっていますが、チーム内で自分の役割を見出すことはあまりうまくないことがあります。大学や専門学校の授業では、他職種との連携の意義を強調しているにもかかわらず、多職種チーム内で専門的な業務を行ううえで自己管理することに対して十分な注意を払っていないことがあります。メンバーにはいつも自分たちの役割を再検討することが求められています。自分の役割を明確にしたり交渉したりする能力はとても重要であり、自然に身につけられるものではなく、試行錯誤を重ねながら獲得するものです。

多職種チームのメンバーには、主に4種類の遂行責任があります[7]。

① 専門職に特有の責任：メンバーの責任の中で、ある専門職の有資格者によってのみ果たされる責任。たとえば、病気の治療、薬の処方など。この責任に基づいて業務の割り当て基準を整備したり、チームの仕事を公表する。

② 共通の責任：複数の専門職が共有している技能や知識に関する責任。たとえば、面接の技能や知識については、すべてのメンバーが有していて、その責任と役割を果たす。

③ ケースの調整の責任：他のメンバーや専門職のアセスメントをまとめた

---

(7) J. ウーベルバイト著、三友雅夫・茶谷滋監訳『ケアマネージャー必携　コミュニティケアの戦略』恒星社厚生閣、1999年、pp.140-145。

表11-2 それぞれの専門職の役割の明確化

チームのそれぞれの専門職の役割等	自分たちが考えていること	他の人が自分たちについて考えていると思うこと
専門職特有の技能，知識，責任について		
他の人と共通する技能，知識，責任について		
ケース調整の技能，知識，責任について		
マネジメントもしくはスーパービジョンの技能と責任について		

出所：J. ウーベルバイト著，三友雅夫・茶谷滋監訳『ケアマネージャー必携 コミュニティケアの戦略』恒星社厚生閣，1999年，p. 153。

り，援助計画を立案したりする責任。高度な技能をともなう活動で，能力，経験，訓練が必要となる。

④ マネジメントもしくはスーパービジョンの責任：他の人々の仕事のすべてもしくは一部を監督して管理する責任。

チームにおいてそれぞれの専門職の役割を明確化するために，表11-2を用います。(8)まず，それぞれの専門職が集まり，表11-2を完成させます。それからチームで会合をもち，メンバーそれぞれが，自分の表をみせ，質問に答えます。これは共通の利用者のニーズリストをつくることや，それぞれの専門職が提供できることを話しあうために役に立ちます。

チームには，リーダーシップや調整の機能が必要不可欠です。チームのリーダーや調整者が誰であるのかを明確にすることが必要です。リーダーの役割には権限がともないます。メンバーには，役割にともなう権限を互いに尊重しあうことが求められます。リーダーに与えられた課題には，日程管理，作業手順

---

(8) J. ウーベルバイト著，三友雅夫・茶谷滋監訳『ケアマネージャー必携 コミュニティケアの戦略』恒星社厚生閣，1999年，p. 153。

(9) Abramson, J. S. and Rosenthal, B. B., "Interdisciplinary and Interorganizational Collaboration," *Encyclopedia of Social Work* (19th edition), NASW, 1995, p. 1485.

の決定，会議の日程と議題を準備すること，援助の結果を評価する方法を決定することなどがあります。リーダーには，チームの課題を達成するために，チームの中に肯定的な雰囲気をつくり出すことが求められます。直面している問題を解決するにあたって，チームがもつ可能性を信じて，建設的な考えをメンバーに浸透させることが大切です。

リーダーシップとともに，各メンバーの積極的な参加も重要です。メンバーは，特定の課題を達成し，協力の仕組みを確立しそれを支えることが期待されています。すべてのメンバーには，チームの目標を共有し，会議においてチームの意思決定の過程に積極的に参加することが求められます。その際，他の専門職の業務内容や役割を理解し，独自の貢献や視点を尊重します。また，自らの長所と欠点を考慮しながら，自らの役割と援助方法を注意深く選択します。

3 メンバー間および利用者との円滑なコミュニケーション

ケースの調整とサービスの質は，コミュニケーションのあり方に密接にかかっています。メンバー間のコミュニケーションが悪いと，利用者やその家族が，必要以上に待たされたり，同じことを何度も話さなければならなかったり，援助者によって助言の内容が異なったりします。コミュニケーションの乏しさが，責任の混乱や不必要な被害を招く結果となります。メンバー間のコミュニケーションがよくない原因として，メッセージを伝える仕組みがないこと，メンバーが異なる現場に配置されていること，責任が不明確であること，チームの記録システムがないこと，秘密保持の方針が異なることなどがあります。コミュニケーションの問題の多くは，多くの機関のメンバーがチームを組んでいるためにチームの拠点が1つだけでなかったりするような，チームの構造上や組織上の問題です。

メンバーと利用者との円滑なコミュニケーションも，信頼関係を築くうえで重要です。信頼を得るためには，チームとしての秘密保持の方針を確立し，その方針を利用者や家族に説明し同意を得ることが必要です。1人のメンバーが利用者に関する情報を専有するのではなく，メンバー間で利用者の情報を共有

することがほとんどであり，実際は「チームとしての秘密保持」がルールとなっています。チーム内に，ボランティアや近隣住民など専門職以外のメンバーを含むときには，専門職とそれ以外のメンバーが，それぞれどこまでの情報にアクセスできるのかを決める必要があります。チーム外のメンバーや機関に情報を提供するときには，利用者の許可を得ることも大切です。

また，できる限り利用者にアセスメントや援助計画作成への参加を促し，意思決定にかかわってもらうことも大切です。

4 会議の進め方や葛藤の解決方法

チームを効果的，効率的に運用していくためには，会議を定期的に開催すること，葛藤にむきあいそれを解決することが必要です。

会議は，メンバー間で意見を交換し，利用者への援助方針についての合意を形成するための重要な場です。多専門職チームを活用して，援助計画の作成を共同作業として行う会議では，チームリーダーには，以下のような諸活動や役割が求められます。[10]

① チームに参加しているメンバーが，自分たちで共同作業をやっていくのだという自覚と，ともにやっていこうという一体感をもてるよう，チームとしてのまとまりを高めるための肯定的な雰囲気づくりを行う。
② 会議のはじめにメンバーが共通目標を確認できるようにする。
③ 利用できるサービスや援助活動を確認する。
④ 協議する利用者のニーズのアセスメント結果とそれに関連する情報を提供する。
⑤ できるだけ多くのメンバーが意見を表明できるようにし，メンバー相互間の意見交換，協議を活性化させる。
⑥ 多様な選択肢の長所と短所を整理しつつ，協議された内容が整理されていくよう促し，合意を形成する。

---

[10] 副田あけみ『在宅介護支援センターのケアマネジメント』中央法規出版，1997年，pp. 31-32。

⑦　援助計画の実施内容，実施時期，評価時点などを確認する。

　他機関に所属する多分野の専門職がメンバーであることによって，メンバー間での関心や意見の違いにより，葛藤が生まれることがあります。葛藤には，実質的な葛藤と感情的な葛藤があります。実質的な葛藤とは，チームの活動中に出された考え，情報，事実についてメンバーの意見が異なることに起因し，健全な対話や解決策の提示を刺激するので，チームの発達に有益であることが多くあります。一方，感情的な葛藤は，メンバーを相互に際立たせ，メンバー間に情緒的な対人関係を引き起こすので，チームの発達には役立ちません。また，実質的な葛藤よりも解決するのは困難です。リーダーによっては，葛藤を扱うのが苦手な人がおり，葛藤を回避したり，無視したりします。しかし，このようなやり方は一般的に生産的な結果を生みません。リーダーが葛藤を解決したり，減少させたりするためには，次のような方法があります[11]。葛藤を自然で有益な部分と考える。メンバーにはその葛藤を認めるように援助する。他のメンバーの考えを尊重したりオープンにするチームの規則をつくる。メンバーには問題を新たな視点でみたり，他のメンバーの視点から状況を理解したりするようにさせる。性格的な違いに話が集中するのを避けるようにする。会議では意見の一致を進めるような事実を強調する。解決策を展開し，意思決定に到達するときにメンバー個人の心配ごとやニーズに敏感となる。葛藤には中立性を保つ，などです。リーダーが葛藤を扱うときには，困難にむきあう，調整する，交渉する，媒介する，調停する，などの多様な役割が必要とされます。

本章のまとめ

　連絡・調整などゆるやかな連携から，チームによる協働まで，専門職間の連携にはさまざまな種類や状態があります。多様な専門職から構成される多職種チームによる協働では，メンバーの能力，リーダーシップ，運営の技術が求められます。

---

[11] R. W. トーズランド・R. F. ライバス著，野村豊子監訳『グループワーク入門――あらゆる場で役にたつアイデアと活用法』中央法規出版，2003年，pp. 270-272.

第12章
社会資源の活用，調整，開発

● ● ●

> ポイント
> 1 地域社会にどのような社会資源があるかを理解する。
> 2 利用者が受けているソーシャルサポートを評価する方法を学ぶ。
> 3 社会資源を開発するために必要な技能や方法を学ぶ。

1 社会資源とは

　社会資源とは，個人やグループのニーズを満たしたり，目標を達成するために，活用することができるさまざまな資源を意味しています。社会資源には，①物的な資源（各種の施設や機関，資金，建物，場所），②社会制度的な資源（保育や児童福祉に関する法律，制度），③公式（フォーマル）な人的資源（保育士，ソーシャルワーカー，医師，保健師，弁護士などの専門職員），④非公式（インフォーマル）な人的資源（家族，友人，ボランティア，セルフヘルプ・グループなど），⑤社会資源を利用するための資源（交通手段，情報など）が含まれます。このように，社会資源には，公式の機関・施設だけではなく，家族や友人，福祉に関心のあるボランティアなどの非公式な資源も含まれることを念頭に置くことが大切です。

　地域社会にある社会資源には，表12-1に示したものがあります。左の欄がニーズ，右の欄がそれぞれのニーズに対応する社会資源です。

　援助者は，目標を達成するために利用できる資源を見つけ出し，利用者が主体的に社会資源を活用し，対処能力を増すように援助します。また，利用者が必要としている社会資源が存在しなかったり，あるいは極度に不足しているという場合もあります。このようなときには，援助者が社会資源を開発する必要

表12-1　地域にある社会資源

ニーズ	社会資源
所得保障	生活保護，老齢年金，障害年金，雇用保険
住宅	高齢者・低所得者のための住宅，生活保護施設
保健・医療	病院，保健所，医療保険，医療扶助
子どもへのサービス	保育所，児童相談所，家庭児童相談室，特別支援教育
職業紹介とリハビリテーション	職業安定所，就労支援サービス
精神保健ケア	精神保健福祉センター，精神科のある病院，セルフヘルプグループ
法的サービス	弁護士事務所，家庭裁判所
家族，夫婦へのサービス	ファミリー・クリニック，家族療法を行うクリニック
青少年へのサービス	YMCA，YWCA，キャンプなどを行うNPO団体
レクリエーション（娯楽）	公的・民間のレクリエーションプログラム
交通サービス	移送サービス

出所：Hepworth, D. H. and Larsen, J. A., *Direct Social Work Practice: Theory and Skills* (4th edition), Brooks/Cole, 1993, p. 227 を参考にして筆者作成。

があります。たとえば，福祉事務所のような公的福祉機関，民生委員・児童委員，施設の職員などを動員して，お互いに協力しながら何か足りないサービスやプログラムを新しくつくり出すことが考えられます。しかし，新しい社会資源をつくり出すのは簡単なことではありません。創造力や交渉力など援助者の力量が，問われることになります。

② 社会資源の活用

社会資源を活用しようとするときには，地域社会をよく理解することが必要です。社会資源は地域社会の中に存在しています。組織と地域社会は密接に関係しています。組織は地域社会のニーズに応えるように努力し，地域社会は組織をいろいろな面で支えています。利用者は地域社会の住民である場合が多くあります。したがって，援助者が所属する機関・施設の地域社会をよく理解す

ることが欠かせません。たとえば，地域社会の人口，年齢構成，職業，収入，交通の便の良し悪し，地域社会の関心事，犯罪率，問題の種類，地域社会にある社会福祉施設，教育機関，医療機関，NPO団体，宗教団体，企業などについて知ることが重要です。また，これらの団体がどのようなサービスを提供しているか，そのプログラムをくわしく調べる必要もあります。

　援助者は，地域社会にある社会資源の情報を集めて，マニュアルをつくると役に立ちます。たとえば，社会福祉協議会が後援している活動として，育児中の母親が中心となって運営している子育てサークルがあるとします。援助者は，社会福祉協議会を訪ねて，このサークルについて，その責任者の名前と連絡先，活動内容，集会場所と時間，会費，会員資格，メンバーの数などの情報を集めます。また，NPO団体やクラブ，サークルなどで行われているプログラム活動についても調べ，それを資源マニュアルに追加します。このように地域にあるさまざまな社会資源の情報を集め，マニュアルを作成すると，利用者のニーズに照らしあわせて，社会資源を十分に活用することができます。

　人々は，自分たちが住む地域にどのような社会資源があるのかという情報をもっていないことがよくあります。たとえば，母子保健サービスにはどのようなものがあり，利用にあたってはどこの誰に相談すればよいのかよくわからない，などの問題です。そこで利用者から相談を受けた援助者は，利用者のニーズを確認し，利用可能な社会資源についての情報を利用者に提供し，社会資源と連絡をとることによって，人々と社会資源を結びつける仲介者の役割を果たします。

　保育所で働く保育士は，保護者から子育ての悩みを受けることがよくあります。保育所の中で対応できるときもありますが，外部の資源を活用した方がより効果的な場合もあります。保育士は常日頃から，地域にある子育てに関連した社会資源の情報を得て，知りあいになり関係をつくっておくと，必要に応じて保護者と社会資源を結びつけることができます。

③ 利用者と社会資源を結びつける方法

1 ネットワーク

　それでは次に，利用者個人のネットワークや利用者が受けているソーシャルサポートを調べ，そのニーズに応じて，利用者と社会資源を結びつけていく方法について説明します。

　ネットワークということばは，日常的によく使われるようになってきています。「Aさんは多くのネットワークをもっている」とか，「仕事を効率よく進めていくためにはネットワークづくりが重要である」などです。社会福祉の領域では，たとえば，児童虐待を防ぐために，子どものいる家庭が社会から孤立することがないよう，要保護児童対策地域協議会が中心になって，子どもを守る地域ネットワークをつくっていくことが求められています。地域ネットワークとは，早期発見や見守りのネットワーク，児童福祉関係，保健・医療関係，教育関係等からなる支援ネットワークを意味しています。

　ソーシャルネットワークは，「限定された人々のあいだでの特定されたつながりの集まり」[(1)](を意味し，それらのつながりの特徴から，それに属する人々の社会的な活動のありようを考えることができます。ネットワークは一般的に人々の間のつながりを意味しますが，社会福祉の領域でネットワークについて調べたり，それを強化しようとするときには，より幅広いとらえ方が有効です。なぜなら，社会福祉の実践では，利用者の人間関係ばかりでなく，利用者と社会資源とのつながりも重要な意味をもっているからです。すなわち，「人々の間」を「個人・グループ・社会組織の間」として，個人とグループ，個人と社会組織のつながりまでを含めるのです。そうすると，ソーシャルネットワークとは「個人・グループ・社会組織の間でのつながりの集まり」ととらえること

---

(1) Mitchell, J. C., "The Concept and Use of Social Networks," In J. C. Mitchell (ed.), *Social Networks in Urban Situations*, Manchester University Press, 1969, p. 2.

ができます。

　また「つながり」とは，個人・グループ・社会組織間の関係についての全体的な集まり，すなわちそれらが相互に依存している状態のことです。すべての人は，直接的あるいは間接的に，他のすべての人に関係しているので，ネットワークの分析にあたっては調べようとするつながりを明確にすることが必要になります。つながりは，たとえば，地域での見守りについて意見を交換すること，近所づきあいをすること，親友であること，子育ての方法について相談すること，などと定めることができます。

2 ソーシャルサポート

　ネットワークに関連したことばにソーシャルサポート（社会的な支援）があります。ソーシャルサポートとは「援助，感情，肯定を主要な要素として含む対人交流」[2]または「他者から提供される資源」[3]を意味します。サポートを測定したり調査したりするときには，それを，①具体的なサポート，②情緒的なサポート，③情報やアドバイスの3種類に分けることが有用です[4]。具体的なサポートとは，たとえば，必要なときに車に乗せてくれる，たいへん骨の折れる仕事を一緒にやってくれる，ことなどです。情緒的なサポートとは，動揺しているときになぐさめてくれる，ストレスの多い状況のときに一緒にいてくれる，ことなどです。情報やアドバイスとは，何かを実行するにあたっての情報を教えてくれる，重要な意思決定を助けてくれる，ことなどです。

---

(2) Antonucci, T. C., "Personal Characteristics, Social Support, and Social Behavior," In R. H. Binstock and E. Shanas (eds.), *Handbook of Aging and the Social Sciences (2nd edition)*, Van Nostrand Reinhold, 1985, p. 96.
(3) Cohen, S. and Syme, S. L., "Preface," In S. Cohen and S. L. Syme (eds.), *Social Support and Health*, Academic Press, 1985, p. XV.
(4) S. ケンプ・E. トレーシー・J. ウィタカー著，横山穰ほか訳『人―環境のソーシャルワーク実践』川島書店，2000年，pp. 118-119。

Ⅲ　相談援助の具体的展開

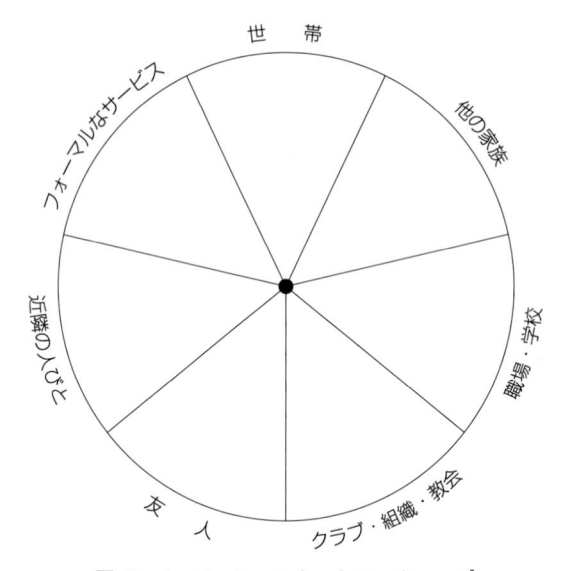

図12-1　ソーシャルネットワークマップ
出所：S. ケンプ・E. トレーシー・J. ウィタカー著，横山穰ほか訳『人―
　　　環境のソーシャルワーク実践』川島書店，2000年，p. 116。

（円の周囲のラベル：世帯、他の家族、職場・学校、クラブ・組織・教会、友人、近隣のひとびと、フォーマルなサービス）

3 | ネットワークマップ

　利用者のネットワークやソーシャルサポートを調べるための道具として，トレーシーとウィタカー（Tracy, E. & Whittaker, J.）が開発したネットワークマップ（social network map）があります。[5]

　ネットワークマップを作成するには，まず7つの領域（世帯，家族・親戚，友人，職場や学校の人々，クラブ・組織・宗教グループの人々，近隣の人々，機関や他のフォーマルなサービス提供者）それぞれについて，ネットワークを構成する人を考えてみます。最初に名前を円のマップに記入します（図12-1）。次の段階は，ネットワークの関係の質について，いくつかの質問をすることです。質問の範囲は，①利用できると気づいたサポートの種類，②ネットワーク関係の互酬性の程度，ネットワークの構成員が利用者に批判的であるその程度，関

---

(5) S. ケンプ・E. トレーシー・J. ウィタカー著，横山穰ほか訳『人―環境のソーシャルワーク実践』
　　川島書店，2000年，pp. 113-121。

第12章 社会資源の活用，調整，開発

表12-2 ネットワーク・グリッド

応答者	生活の場 1. 世帯 2. その他の家族 3. 仕事・学校 4. 組織 5. その他の友人 6. 近隣のひとびと 7. 専門職 8. その他	具体的な サポート 1. ほとんどない 2. ときどきある 3. つねにある	情緒的な サポート 1. ほとんどない 2. ときどきある 3. つねにある	情報/ アドバイス 1. ほとんどない 2. ときどきある 3. つねにある	批判 1. ほとんどない 2. ときどきある 3. つねにある	援助の方向 1. 双方向 2. あなたから 彼らへ 3. 彼らから あなたへ	親密さ 1. それほど親し くない 2. ある程度 3. 非常に親しい	どれくらい 会いますか 0. 会わない 1. 年に数回 2. 毎月 3. 毎週 4. 毎日	どれくらいの 知合いですか 1. 1年以内 2. 1-5年 3. 5年以上
氏 名									
01									
02									
03									
04									
05									
06									
07									
08									
09									
10									
11									
12									
13									
14									
15									
1-6	7	8	9	10	11	12	13	14	15

出所：S. ケンプ・E. トレーシー・J. ウィタカー著，横山穣ほか訳『人―環境のソーシャルネットワーク実践』川島書店，2000年，p.117。

係の親密さ，交わりの頻度，関係の期間，です。利用者は，当てはまる返答のカテゴリー（たとえば，まったくそうではない，ときどきそうである，ほとんどつねにそうである）に区分けし，これらの質問に対する返答の数字を，ネットワーク・グリッド（表12-2）に記入します。

ネットワークマップを分析すれば，視覚的な情報と，以下の側面についての数値が得られます。

- ネットワークの大きさ：ネットワークの中で確認した総人数。
- 領域の大きさ：7つの領域それぞれの総人数と割合。
- 情緒的，具体的，情報によるサポートの知覚された利用可能性：それらの種類のサポートの提供が「ほとんどつねに」可能であるとされた，ネットワークの構成員の割合。
- 批判：「ほとんどつねに」批判的であるとされた，ネットワークの割合。
- 親密さ：「とても親しい」と気づいた，ネットワークの割合。
- 互酬性：「援助が双方向である」ネットワーク関係の割合。
- 方向性：援助が主に利用者からネットワークへと行われている，ネットワーク関係の割合。援助が主にネットワークから利用者へと行われている，ネットワーク関係の割合。
- 安定性：関係の長さ（どれぐらいの期間の知り合いか）。
- 交わりの頻度：どれぐらい会っているか。

ネットワークマップと他のアセスメントの情報とを結びつければ，サポートを提供する可能性がある人や組織を明らかにする，家族の境界を理解する，個人のソーシャルネットワーク内での葛藤の源泉を指摘する，互酬的な援助の様式を明らかにすることなどが可能となります。

ソーシャルサポートの目標とそれにともなう援助の例として次のものがあります。

- 多様な種類の必要なサポートを増やすか，動員する。
- 個人のネットワークや家族のネットワークの構成を変化させる。
- サポートとなる関係を発展させ維持するための技能を高める。

- ソーシャルネットワーク関係の機能を改善し高める。

ネットワークマップを用いた援助として，次の事例があります。

事例12-1　子どもの養育の助けとなる資源の利用

　Hさんは32歳の女性で，夫と子ども2人（5歳と3歳）の4人家族です。夫がアルコール依存となり，病院での治療を受けている間，子どもの養育の責任をすべて引き受けるようになりました。Hさんは養育の助けとなるかもしれない人々やサービスを知らず，またそれらを積極的に利用しようともしませんでした。援助者とともにネットワークマップを作成したあとで，サポートとなる可能性をもつ人の名前を丸で囲みました。子育てサークルに参加している近所の母親仲間，かかりつけの小児科医師と看護師，高校時代の友人などです。そしてそのマップを，人の名前を思い出すために，電話の近くに貼るようにしました。彼女は休息やサポートを必要としたときに，助けとなる人の名前を思い出すことが可能となりました。週ごとにマップとその活用状況を援助者と検討することにしました。

---

④　社会資源の開発

　援助者には，自分が所属する機関や施設内での職務を全うするだけでなく，地域のニーズに応えて新しい社会資源を開発する役割が求められます。地域社会の状況を改善するために，新しいサービス計画を立案し，実行に移します。たとえば，子どもが多い地域で子どもへの福祉サービスが不十分な場合に，必要とされるサービスを計画する，地域住民の健康や精神保健を促進する，保健センターで子どもの性教育についての母親グループを開くことなどが考えられます。次の例は，幼稚園が地域住民の協力を得て，新しいサービスを開始する過程です[6]。

---

[6] 日本保育学会保育臨床相談システム検討委員会編『地域における保育臨床相談のあり方』ミネルヴァ書房，2011年，pp.183-189。

III　相談援助の具体的展開

事例 12−2　園内に「子育てサロン」の開設

　東京都足立区の区立幼稚園2園では，十数年前から3年保育を希望していた保護者が自主的に仲間を募り，週に1日，園の空き保育室を利用して，地域の子どものための「子育て広場」を運営していました。地域の保護者からの要望の高まりを受け，幼稚園園長や教諭が，それまで活動してきた保護者に働きかけ，地域の0歳から3歳までの子どもと保護者を対象とした「子育てサロン」の開設を計画しました。園長の管理責任のもと，臨時職員1名と有償ボランティア1名で運営します。原則として，月曜日から金曜日，午前10時から午後4時まで自由に利用できることにしました。

　これまでのメンバーには，サロン運営等のための子育てサポーター研修を受講し，引き続き正式に活動に参加してもらうことになりました。時間のあるメンバーは，子育てサポーターとして随時ボランティアとして参加しています。

　保健所保健師による発育や病気の相談，元幼稚園園長による子育ての悩みについての相談，親子体操や絵本の読み語りなどの親子のふれあい活動も行っています。また，幼稚園の運動会にも参加するなど，在園児との交流も進めています。

　社会資源の開発において援助者は，地域社会のニーズを評価し，地域住民の参加を促し，グループが成長していけるように導き，葛藤が起こったときにはそれを解決しなければなりません。

本章のまとめ

　社会資源を活用するためには，地域社会にある資源をよく調べ，よく知ることが必要です。利用者と資源を結びつけるために，利用者のネットワークと受けているソーシャルサポートを評価します。

演　　習
――事例を通して考える相談援助――

　ここでは，事例検討を通して相談援助の実際を学びます。構成は「事例の概要→課題→考察」になっています。まず，事例の概要を読んで，課題に取り組んでみてください。そのうえで，考察を読んでみてください。想像力を働かせながら，保育士やソーシャルワーカーになったつもりで考えてみてください。また，ケースカンファレンスの場面を想定したり，ロールプレイに取り組んでみるのもいいでしょう。こうして，相談援助の理論と実践を結びつける作業に取り組んでください。

演 習

1　児童虐待への対応

1 事例の概要

　Aさん（40歳，父親）は，前妻と2年前に離婚後，Bちゃん（4歳）を引き取り育てていました。1年前に現在の妻（Cさん，33歳）と再婚し，現在，3人暮らしです。前妻と離婚後は，Aさんの母親が家事や育児を手伝ってくれていました。しかし，現在の妻と再婚後は，その母親との関係は希薄になっています。半年前に勤務先でリストラにあって，転職を余儀なくされ，非正規雇用になり，収入は激減しました。妻（Cさん）も働いており，Bちゃんは保育所に通っています。Aさん夫妻は仕事以外でも，家を空けることがしばしばあり，休日などBちゃんが1人で家の中で過ごすことが多く，食事はインスタントものやお菓子ですませ，汚れたままの服装だったり，入浴もろくにしていないようです。再婚当初は，Cさん（継母）はBちゃんをかわいがっていましたが，BちゃんがCさんの大切にしていたバッグを誤って壊したことがきっかけとなって，Bちゃんは落ち着きをなくし，食べ物をこぼしたりすることが多くなり，Cさんになつかなくなっていきました。それにともなってCさんがBちゃんを大きな声で叱ることが増え，面倒をみなくなっていきました。近所の人が心配し，Bちゃんの面倒をみてくれることがあります。民生委員・児童委員も配慮してくれています。しかし，夫妻は，「自分たちでやっているから，余計なことをしないでほしい。子どもには，ちゃんとご飯を食べさせているし，休みの日は遊んでやっている」といって，余計なお世話だと思っているようです。

　ある日，保育所で，Bちゃんの服装が汚れているので，洗濯をして着替えさせようとしますが，いやがります。食事もきちんと与えられていないようで，保育所送迎時に，Cさんに日常の世話について確認すると，「食事はちゃんと

しているし，着替えもさせている。私はフルタイムで働いているので，忙しい」ととりつく島もありません。事情を確認するべく，担当保育士が家庭訪問をすると，室内は衣服やお菓子の食べがらが散らかっていました。応対に出たCさんは「親の子育てに口出ししないでほしい」と怒り出し，話に応じませんでした。また，近所の人の話では，Cさんが，大きな声で叱っているのを耳にすることがあり，子どもはかわいそうだし，心配だということでした。地区の民生委員・児童委員からも，同様の声がありました。こうした状況から，保育士は「ネグレクトや心理的虐待の疑いがあるのではないか」と児童相談所に通告をしました。

　児童相談所の児童福祉司が，翌日保育所を訪問し，Bちゃんの様子を観察しましたが，一時保護が必要なほどの緊急性は確認できませんでした。保育士と児童福祉司の話しあいの結果，現時点で，児童相談所が両親と接触すると，保育所と両親との関係に悪影響を及ぼすおそれがあるので，保育所が両親への働きかけを継続しながら，経過観察することになりました。そして，Bちゃんの生活の安定，安全の確保，発達の保障のために，家庭と保育所が連携し，安定した保育所通所と家庭での安心できる生活を実現していくことを援助目標に設定しました。そのうえで，状況が改善されず，むしろ悪化し保護の緊急性が高まるようであれば，一時保護の対応がとれるような体制を整えておくことにしました。

2 課　題

▷課題1　Bちゃん家族は，どのような環境とどのようにかかわりながら生活しているか，整理してみましょう。

▷課題2　Bちゃん家族は，どのようなニーズをかかえているか，あげてみましょう。

▷課題3　Bちゃん家族の援助において，どのような取り組みが必要でしょうか。

3 | 考　察

　児童虐待の防止等に関する法律では，第5条第1項で「学校，児童福祉施設，病院その他児童の福祉に業務上関係のある団体及び学校の教職員，児童福祉施設の職員，医師，保健師，弁護士その他児童の福祉に職務上関係のある者は，児童虐待を発見しやすい立場にあることを自覚し，児童虐待の早期発見に努めなければならない」と定め，また，第6条第1項では「児童虐待を受けたと思われる児童を発見した者は，速やかに，これを市町村，都道府県の設置する福祉事務所若しくは児童相談所又は児童委員を介して市町村，都道府県の設置する福祉事務所若しくは児童相談所に通告しなければならない」としています。要保護児童発見者の通告義務は，児童福祉法第25条でも明記されています。

　児童虐待の防止等に関する法律の規定にみるように，保育所および保育士は，①児童虐待の早期発見，②市町村あるいは児童相談所への通告，③国や自治体の施策に協力する，④児童や保護者に対する児童虐待防止のための教育・啓発に努める責務を負っています。児童虐待は子どもの人権侵害であり，保育士はその状況を改善していく重要な担い手なのです。

▷課題1

　Bちゃん家族の環境に焦点をあてることは，利用者を環境とのかかわりの中で理解することで，その人とその人が置かれている状況をどのように理解するかが，援助活動を左右する重要なポイントになります。子どもをとりまく環境で，もっとも影響を及ぼすのは家庭環境です。子どもの成長発達過程において，保護者からの身体的・心理的・性的虐待や養育放棄は，子どもの社会化形成に悪影響を及ぼすことはいうまでもなく，精神的なストレスや心的外傷を引き起こします。Bちゃんの家庭環境は，これらを引き起こす大きなリスク要因をかかえているといえます。

　そして，家族は，親族との関係が疎遠になっているようですが，近隣は支持的なかかわりをしており，民生委員・児童委員の配慮も得られ，地域のサポー

トネットワークをもっているといえます。こうした人たちは，Bちゃんの安心した生活環境を整える援助活動に取り組んでいくパートナーとなる重要な社会資源です。援助活動は，単一の機関や1人の援助者で完結するものではありません。複数の機関や専門職のみならず，地域住民やボランティアなどが連携・協働して取り組むチームアプローチです。しかしながら，Bちゃんの両親は，近隣の支援をありがたく思っていないようです。他方，今回，「児童虐待の疑い」という問題を発見した保育所は，Bちゃん家族にとって，フォーマルネットワークであり，直接的環境として，Bちゃんの養育を支える環境です。保護者の子どもへの虐待は，家庭内で行われるため，発見が遅れがちになります。このような支持的なネットワークが，Bちゃんの声なき声をかたちにする，問題発見のネットワークになっています。

　以上のような情報をもとに，Bちゃん家族のエコマップを作成してみると，Bちゃん家族の環境とのかかわりの全体像をとらえることができます。ただし，事例の紹介で記載されている情報では限界があります。それ以外に，Bちゃん家族と問題を取り巻く状況を理解する（アセスメント）ために必要な環境をあげてみましょう。

▷課題2

　Bちゃん家族はどのようなニーズをかかえているでしょうか。ニーズが，本人も周りの人にも明らかな場合，対応はスムーズになされます。しかし，本人はもとより，誰にも気づかれないままで，問題が深刻化することもあります。この事例の場合，Bちゃんと両親（Aさん夫妻）を別個にとらえる必要があります。Bちゃんが安心して生活できる環境を整えることが第1の課題であることはいうまでもありません。本来，子どもは誰しもかけがえのない存在で，親の愛情を一身に受けて成長していくはずです。しかしながら，Bちゃんの場合，その状況にはなく，孤独な状況にあり，「親に受けとめてほしい」「甘えたい」というニーズをもっていることが考えられます。また，清潔の維持や栄養管理などといった，物理的な生活基盤と，保護者からの養育放棄や暴言を受けてい

るため，心身の安全の確保のニーズがあります。さらに，1人で家の中で過ごすことが多いことから，保育所以外の社会とのかかわりの場面が欠如していると考えられます。子ども同士の遊びを通じての社会化や，地域住民とのかかわりの中で育っていく成長発達のニーズがあります。

そして，Bちゃんのニーズを起点として，両親，家族全体のニーズを考えていく必要があります。そのとき，親子，夫婦の間でどんなことが起こっているかに関心を払うことが大事です。BちゃんとCさんとの関係のこじれが，問題発生の直接的誘因になっていると考えられます。したがって，Cさんのニーズは，いわば良好な親子関係形成のニーズといえるでしょう。そのニーズは，CさんがBちゃんの「母親」としての自己に不安を感じ，子育てに自信をなくしていることや，仕事と育児・家事で過重負担になっているといった要因が，相互作用して発生していることが推察されます。そして，Cさん自身のしんどさを理解してほしいというニーズ，Aさんの物理的・精神的支えを得たいというニーズ，また，子育てのスキルを獲得したいというニーズなどが潜在している可能性があります。それらのニーズを顕在化させて，Bちゃん家族の援助課題を具体化させていきます。

▷ 課題3

まず，保育士に期待される取り組みについて，考えてみましょう。Bちゃんに対しては，スキンシップをしっかりとり，緊張を解き，Bちゃんにとって保育所を安心できる場にすることが重要です。また，身体状況や，服装や顔の表情，行動・言動，さらには，他の子どもとのかかわりについて観察し記録していきます。両親には，決して批判することなく，「がんばっていらっしゃいますね」など，仕事や子育ての苦労をねぎらい，「家族だけでかかえこまないで，私たちにもお話ししてください」と声をかけ，コミュニケーションを絶やさないようにし，両親の語りを引き出し，傾聴します。また，連絡帳を活用し，情報の交換をしながら，信頼関係を築き，協働作業に取り組んでいきます。

そして，子育ての不安や負担を軽減するために，子育てサークルの参加を促

したり，児童相談所，そこに所属する児童福祉司，児童家庭支援センターの紹介をするなど，社会資源についての情報を提供し，その活用を促していきます。とりわけ，児童相談所は，保護者を処罰するところではなく，保護者の相談に応じ援助してくれるところであり，一緒に取り組んでいく味方であることを理解してもらうことが大事です。そうすることによって，児童相談所との連携がスムーズにいき，児童福祉司とのチームアプローチによって，Bちゃん家族の社会資源である民生委員・児童委員や近所の人に対して，これまでの気配りに感謝するとともに，これからのBちゃん家族の安定した生活を支援していくパートナーとなる動機づけを支え，インフォーマルなネットワークの維持・強化を図っていきます。同時に，近所の人の配慮を「余計なお世話だ」と思っている両親に，自分たちの環境の強みに気づいてもらい，視点の転換を図っていく介入が求められます。一方的に支援されるのに抵抗感を感じているなら，地域の住民活動への参加を促すことも必要でしょう。

　こうして，保育所での虐待の疑いの発見が起点となって，児童相談所をはじめ，関係機関や民生委員・児童委員，地域住民と連携し，情報交換をしながら，Bちゃんの成長発達を支えるネットワーク，Bちゃん家族を支えるネットワークを活用し，Bちゃんの様子や両親の養育態度に改善がみられない場合は，児童相談所が家庭に立ち入り，Bちゃんの安全を確保するべく，対応できるような体制を整えておきます。

演習

2　障害のある子どもとその家族への支援

1│事例の概要

　Dちゃん（4歳）は，両親と姉（小1，7歳）の4人家族で，保育所に通所しています。両親ともに勤めており，姉の小学校入学を機に転居したばかりです。また，実家は他県にあり，ほとんどかかわりはありません。
　Dちゃんの担任保育士は，Dちゃんの発することばが少ないこと，保育士の話しかけにあまり反応がないこと，1つの遊びが持続せず，すぐ飽きてしまうこと，友達に関心がなく，仲良くできないことなどに気づきはじめました。そこで，所長に相談し，母親にDちゃんの発達に関することを説明し，保育所等訪問支援(1)による巡回相談を利用することを勧めることにしました。担任保育士が，Dちゃんを保育所に迎えに来た母親に，「Dちゃんのことでお話がありますが，少しお時間がありますか」と声をかけると，母親は心配顔で，「この子がいたずらか何かしたのでしょうか……。すみません……」と深々と頭を下げました。Dちゃんは，保育室で別の保育士が世話をすることにし，相談室で面接を実施しました。担任保育士は，まず，母親が仕事や育児をがんばっていることをねぎらいました。そのうえで，Dちゃんの様子を話し，Dちゃんが保育所で楽しくすごしながら，成長していくことを支援するために保育所等訪問支援による巡回相談を利用することを説明し，母親の理解と同意を得ました。巡回相談で，保育士は，Dちゃんの日常の様子や保育士が気になっていることを訪問支援員の臨床心理士に話しました。臨床心理士は，それらの情報をふまえ

---

(1) **保育所等訪問支援**　児童福祉法に基づく障害児通所支援事業の1つである。障害のある子どもの安定した保育所等の利用を促進するために，療育の専門職が当該保育所等を訪問し，相談・助言等を行う。

て，Dちゃんの様子を観察し，発達検査等を実施し，Dちゃんには発達障害の疑いがあるので，児童発達支援センターでの障害児通所支援を受けることを勧めました。

　所長が，臨床心理士の巡回相談の助言などを母親に話し，Dちゃんにとってよりよい保育を提供していくために，Dちゃんの発達について，児童発達支援センターで相談できることを伝えました。母親は，「だいじょうぶでしょうか。私のかかわりが悪かったのでしょうか」とうつむきました。所長は，母親の肩に手をやり，しばらくそのままにしていました。母親は，Dちゃんの育ちに対する心配や，自身の子育てに対する不安を語り，「Dのためになるなら」と，児童発達支援センターでの相談を受け入れました。

　そうした経過を経て，児童発達支援センターで，ソーシャルワーカーと臨床心理士が，Dちゃんおよび母親と数回の面接を実施しました。ソーシャルワーカーと臨床心理士は，母親との面接や，Dちゃんの遊びの様子の観察などの結果，児童発達支援センターでの障害児通所支援の利用を提案しました。母親は，Dちゃんが保育所に通所しながら，週1回児童発達支援センターを利用することを決断しました。担任保育士は，その決断を支え，「一緒に取り組んでいきましょう」と声をかけました。そして，保育所と児童発達支援センター，さらには母親が連携を取りながら役割分担し，Dちゃんの成長発達支援と母親の支援に取り組んでいくことになりました。担任保育士・所長と児童発達支援センターの担当者とで，ケースカンファレンスを実施し，Dちゃんと母親に必要な支援について検討し，母親の了解を得ました。その際，「わからないことや，心配なことや，気になったことはどんな些細なことでもかまわないので，遠慮しないでいってくださいね」と伝えました。

2 | 課　題

▷課題1　母親への援助において，ポイントになることをあげてみましょう。
▷課題2　専門職間や関係機関間の連携において，どんなことが大切か考えて

みましょう。
▷課題3　この事例の具体的な援助目標をあげてみましょう。

3 考　察

　障害のある子どもの保育所での受け入れは一般化してきています。保育所保育指針解説書では，障害のある子どもの保育について，「一人一人の子どもの発達過程や障害の状態を把握し，適切な環境の下で，障害のある子どもが他の子どもとの生活を通して共に成長できるよう，指導計画の中に位置付けること。また，子どもの状況に応じた保育を実施する観点から，家庭や関係機関との連携した支援のための計画を個別に作成するなど適切な対応を図ること」と述べています。[2]

　児童発達支援センターは，地域における障害のある子どもやその家族に対する支援，さらには地域支援を行う地域の中核的な療育支援施設です。児童発達支援センターには，ソーシャルワーカー，保育士をはじめ，医師・看護師・理学療法士・作業療法士・言語聴覚士などの医療専門職，臨床心理士などの心理専門職など多職種の専門職が所属し，その機能を果たしています。

▷課題1
　母親に対してどのようなかかわりが保育士に求められるか考えてみましょう。まず，Ｄちゃんの発達の遅れを母親にどのように伝えるかは，その後の援助活動においてきわめて重要であり，慎重な対応が求められます。担任保育士は，所長に相談のうえ，面接を設定しています。そこで，単刀直入に話を切り出すのではなく，母親の苦労をねぎらうことからはじめています。その意図は，母親の疲労を癒し，緊張感をほぐし，面接をもちかけられたことへの不安をやわらげ，面接の下地をつくることにあります。それが，母親の防衛的反応を除去

---
(2)　厚生労働省編『保育所保育指針解説書』フレーベル館，2008年，p.140。

し，その後のコミュニケーションを円滑にします。第2に，このかかわりは，Dちゃんに発達の遅れがあることを母親が受容することを支え，母親のそれについての感情表出を促すこととつながっています。所長が，母親の肩に手をやり，しばらくそのままにしていたり，Dちゃんの育ちに対する心配や，自身の子育てに対する不安を語る機会をつくっています。こうして，母親の混乱や事態の否認といった動揺につきあい，時間をともにしているのです。第3に，母親にわかりやすく説明し，同意を得たうえで，社会資源の活用に結びつけています。また，「気になったことは遠慮なくいってほしい」と伝えています。これは，母親を援助活動のメンバーに位置づけ，協働作業に取り組んでいくことの現れです。さらには，母親の子育ての負担を軽減することでもあります。何より，母親本人の意思を無視して援助は成り立ちません。援助は，本人の動機づけを高め，利用者と援助者との信頼関係のもとに成り立つのです。

▷課題2

　援助活動には複数の人や機関との連携が欠かせません。Dちゃんの成長発達支援のために，保育所と児童発達支援センターが連携し，チームアプローチをとっていくことになりました。Dちゃんが保育所と児童発達支援センターを併用することによって，保育所でのDちゃんの成長発達支援の質が向上することになります。保育所と児童発達支援センターとの連携が，Dちゃんのよい変化を生むためには，双方の機能をお互いに理解しておくことが不可欠です。つまり，それぞれの援助方法や子どもの学びの過程は異なることを知っておく必要があります。保育所は，日々の生活や遊びを通して，子どもがその発達段階に応じた経験ができるように支援し，養護や教育を行う機関です。他方，児童発達支援センターは，障害のある子どもの1人ひとりの特性に応じた日常生活動作の指導や集団生活への適応訓練，治療・療育などを行う機関です。まず，両機関が，いずれも，Dちゃんが日中すごす生活の場であり，Dちゃんの成長発達を支援するという目的を達成するために，それぞれの機関固有の目的を手段化し，Dちゃんの支援目標を共有することが求められます。

具体的には，①Dちゃんの状況を観察し記録を取るとともに，児童発達支援センターと保育所が連絡帳を使用し，Dちゃんの様子を総合的に把握します。②保育士が児童発達支援センターを訪問し，児童発達支援センターでのDちゃんの様子を観察したり，逆に，児童発達支援センターの担当者が保育所に参観に来ることを計画します。③情報交換や意見交換のため，定期的にカンファレンスを実施します。

　さらに，家庭との連携も欠かせません。家庭でのDちゃんの様子，Dちゃんへの対応のしかた，毎日のスケジュールや当面の課題を確認し，経過を母親と共有し，変更していきます。また，保育所内で，担任保育士はクラスの集団指導を担うため，保育士間で連携し，担任保育士以外の保育士が，Dちゃんへの個別対応を担当することも考えられます。

▷課題3

　Dちゃんの保育においては，先に述べたように，母親や児童発達支援センターと連携して，個別支援計画を作成します。Dちゃんの直接的な発達支援と母親への支援は車の両輪です。母親に対する具体的な援助目標として，次のようなことが考えられます。①Dちゃんの児童発達支援センター利用は，これまでの家族全体の生活の流れや役割分担などを変更させることになるので，家族関係の調整をはじめ，それへの適切な対処を援助します。②母親と保育士との関係を良好にし，母親が話しやすい状況をつくり，母親の語りを傾聴し，育児の悩みやストレスを受容していくようにします。③母親の相談にのりながら，母親の負担を軽減するため，児童家庭支援センターや児童相談所，母親による自主グループなどの社会資源を紹介し，その活用を促します。

3 ひとり親家庭における親子分離とその支援

1 事例の概要

　3カ月前に母親が行方不明となり，Eさん（父親）とF君（2歳）は2人で生活していました。不規則な就労状況にあるEさんは虚弱体質のF君の養育に困難を感じながら生活していました。ある日，Eさんから連絡なくF君が保育所を欠席したので，F君の担当保育士であるG保育士は心配し，H所長の許可を得て，Eさん宅に電話をしました。するとF君が電話をとり，自宅に1人でいることが判明しました。H所長はすぐにEさんの職場に電話をしました。するとEさんは「子どもが熱を出していたので，1人で寝かして出勤しました。今すぐ帰宅します」と話したので，H所長はG保育士に対し，Eさんが帰宅するまでEさん宅で待つよう指示しました。

　その数日後，Eさんが保育所にF君を迎えに来た折り，相談したいことがあるといったので，H所長が対応しました。Eさんは養育に限界を感じており，「子どもをどこかで世話してもらいたいです」と話しました（**課題1**）。Eさんの親族は遠くに住んでおり，「病気がちなF君の面倒をみる余裕もない」とEさんは話しました。H所長は面談終了後，Eさんの了解を得て，児童相談所に連絡をし，これまでの経緯を説明しました。

　児童相談所のI児童福祉司はすぐに，Eさんに連絡したあと，職場を訪問し，Eさんと面談を行いました。EさんはI児童福祉司との面談においてしばらく沈黙した後，「もうこれ以上子どもの世話はできないので，施設で預かってほしい」と話しました。I児童福祉司はEさんと話し合い（**課題2**），児童相談所での検討の結果，その日にF君を児童相談所に一時保護しました。

　一時保護の間，I児童福祉司がEさんに電話するたびにF君の面会に来所す

るといいながら、一度も来ず、次第に連絡も取れなくなりました。連絡可能な親族にも連絡しましたが、F君の養育に関与することは困難な状況にあることが判明しました。一時保護所入所後の2カ月後に開催された援助方針会議では、Eさんが行方不明状態であることが報告され、今後のF君の養育について検討されました（課題3）。

2 課 題

▷課題1　このEさんの言動にH所長はどういった応答をすべきでしょうか。
▷課題2　I児童福祉司はどういった応答をすべきでしょうか。
▷課題3　F君の援助方針としてどういったことが考えられるでしょうか。

3 考 察

　ひとり親で近隣に親族などの支援者が居住していない場合、乳幼児期の子どもを養育することは困難です。母子家庭であっても父子家庭であってもその点は変わりありません。近年父子家庭も母子家庭と変わりなく社会サービスを利用できるようになってきました。しかし一般的に、母子家庭ならば養育を行いながら働き、足りない部分については生活保護を受給しながら生活するということが認められる傾向にありますが、父子家庭に対し、そうしたあり方が認められることは少ないです。したがって父子家庭の場合、子どもを施設に入所させて父親は仕事に専念せざるをえない状況にあります。こうしたことはジェンダーの課題といえます。

▷課題1

　Eさんは虚弱体質のF君をかかえ、身近な支援者がなく困っていました。課題1のH所長の応答としては以下のようにさまざまな応答が考えられます。
　①「頑張って子育ても家事もきちんとやっておられるお父さんもいますよ」

②「F君はお父さんのことを大好きだといっていますよ」
③「よくこれまでお子さんを育ててこられましたね」
④「ここではそうしたご相談にのることはむずかしいように思います」
⑤「誰か他に相談できる人はいないのですか」

　重要なことはH所長の考えを述べたり，質問したりする前に，これまでのEさんの養育をねぎらうという態度や，Eさんの困難な状況に共感するという態度です。したがって③の対応がまず求められるといえるでしょう。その後「F君の子育てに悩まれているようですね」といった感情の反射（ことばで相手の感情をいい表すこと）により，Eさんの共感に努めることが考えられます。③以外の応答がなぜよくないのかについても考えてみましょう。

　①は個々のケースを個別的にとらえるという個別化の原則に反します。②はF君の感情を表現する前に，目の前にいるEさんの感情に寄り添うことが必要であることから，望ましくないといえます。④や⑤はEさんと信頼関係が形成されたあとに，場合によってはいう必要のある言動だといえます。したがってこの段階では，不適切な言動といえるでしょう。

▷課題2
　I児童福祉司の態度としては，以下のようにいくつかの応答の仕方が考えられます。
①「今のお気持ちを，もう少しお聴かせいただけますか」
②「親としてのお気持ちを，もう少しお聴かせいただけますか」
③「F君がどう思っているかについて，お聴かせいただけますか」
④「小学校にあがるまでもう一踏ん張りしてみませんか」
⑤「もうこれ以上，頑張らなくてもいいですよ」

　揺らぐ気持ちを自身で焦点化して話せるよう，「開かれた質問」（「はい」や「いいえ」などで答えられる質問ではなく，自由に自らのことばで答えられる質問。たとえば「～についてどのようにお感じになっていますか」など）を用いることがこの場合，望ましいといえます。したがって④は不適切です。また，②や③の

ように特定の気持ちに特化して尋ねることはこの場合不適切です。さらに⑤のように，Eさんに関する情報が不十分な段階において，こうした発言をすることも不適切といえるでしょう。したがって①の対応がまず求められます。

▷課題3

　援助方針について，F君の生活場所を決定しなくてはなりません。F君の年齢を考えれば，できるだけ一貫した養育者が継続的に関与できるよう里親を提供することが望ましいように考えられます。親族が引き受ける意思があるのならば，親族里親に認定して親族が経済的支援を受けながら，養育することが可能ですが，この事例の場合，親族の引き取りは困難です。里親委託が困難な場合，乳児院，児童養護施設が考えられます。F君は虚弱であることから，医療的ケアを要するのならば，看護師が配置されている乳児院が考えられます。乳児院は乳児だけでなく，必要に応じて幼児まで入所できます。一方，入所が長期化することが予測される場合や，それほどの医療ケアを要しない場合，児童養護施設が考えられます。

　もしEさんがみつかれば，社会サービスの提供により家庭を基盤にした生活を援助方針とすることも考えられます。現在市区町村によっては，子育て短期支援事業が実施されており，短期入所生活援助（ショートステイ）事業や夜間養護等（トワイライトステイ）事業が実施されています。しかしながら前者は継続的利用を目的としたサービスではありません。後者は保護者が仕事その他の理由により平日の夜間や休日に不在となり家庭において児童を養育することが困難となった場合などに，児童福祉施設等において保護するサービスです。市区町村によっては小学生のみを対象としていたり，週で回数が限られ毎日利用できないこともあり，この事例の場合，活用できないところもあります。親族の支援も検討し，在宅での生活を模索することもできますが，Eさんの状況や意向を踏まえたうえで決定することが重要でしょう。

4 児童養護施設入所時の子どもへの支援

1 | 事例の概要

　J君（3歳）は母親と2人で生活していましたが，夜間放置され自宅前で泣きじゃくっている姿を近所の人が発見し，児童相談所に通告しました。J君は一時保護されました。一時保護の間母親は現れず，児童養護施設入所措置となりました（**課題1**）。J君の父親は1年前に行方不明となりました。母親は不安定な就労を続けながらも，どうにかJ君を養育していましたが，多額の借金を負い，その支払いが困難な状況にありました。母親方の祖父母は遠く離れた地で生活しており，祖父が要介護状態にあることから，祖母は祖父の介護に忙しく，J君を引き取れる家庭状況にはありませんでした。

　児童養護施設に入所後のJ君は，あらゆる職員や施設への訪問者に対し，執拗にだっこを求めるなど誰に対しても甘える行動を示していました。食に対する固執も激しく，食べ過ぎることもしばしばありました。基本的な生活習慣も身についていませんでした。またささいなことで，同室の子どもと争うことがあり，感情の統制を図ることが困難でした。

　しかしながらそういった課題だけではなく，J君が頑張って我慢しようとしている姿や，他児へ思いやりを示す行為等も見受けられました。ケース会議においてJ君への対応のあり方について協議し，そこでのケア方針に従い今後対応していくこととなりました（**課題2**）。

　約半年後，J君の状況は徐々に改善していきました。その後，J君に関して児童養護施設と児童相談所が協議を重ねていくこととなりました（**課題3**）。その協議の結果，J君は当分の間，同じ法人が地域で運営する分園のホームで生活することとなりました。

2 課題

▷課題1　施設にやってきたJ君に対して,はじめて声をかける保育士はどういった対応をすべきでしょうか。

▷課題2　この場合のケア方針として,第1にどういったことを考える必要があるでしょうか。

▷課題3　この場合,主に何に焦点をあてて協議する必要があるでしょうか。

3 考察

家庭から児童相談所の一時保護所に移され,さらに児童養護施設に移されたJ君の気持ちについて考えてみましょう。短期間に養育場所を移されることは子どもにとって大きなストレスとなります。一時保護所にやってきたJ君に対し,親と暮らせない状況をどのように説明するのか,さらに児童養護施設で生活せざるをえないことをどのように伝えるか,J君の不安感に継続的にどのように寄り添うのかなど,児童相談所として,あるいは児童養護施設として考えなければなりません。

▷課題1

そうした不安な気持ちを受けとめて,子どもの気持ちに寄り添うことが重要です。たとえばJ君の不安な気持ちをことばで表し,感情を共有することが重要です。たとえば「この施設に連れてこられて不安だし,緊張もしているよね」という感情の反射が1つの対応方法として考えられます。

一般的に親子分離された子どもは「自分が悪かったから親から引き離された」と認識する傾向にあることが指摘されています。自分は愛されるに値しない人間だと思い込み,自己否定感をもつ傾向にあります。そうではない認識を子どもがもつには,施設生活をせざるをえないのは,子ども自身が悪いからではないということを強調し,一貫した養育者が,受容的に継続してかかわる必

要があります。さまざまな課題行動を責めることなく，そうした行動の背景にある感情を受容することが大切です。

▷課題2
　J君の課題行動から保護者による不適切なかかわりが疑われ，保護者との愛着関係が十分に形成されていないと思われるので，まず愛着形成にむけた取り組みを考える必要があります。J君の強みともいえる我慢する姿や，他児への思いやりを示す行為をねぎらい，J君なりの頑張りを肯定的に評価することは，関係形成上重要なことといえます。
　里親のような個別関係が形成できる養育の場では子どもは退行(3)や試し行動を起こし，養育者への信頼度を本能的に確かめるといわれています。退行や試し行動に対しては，ひたすら受容しなければならないとされますが，それは養育者にとって非常に困難なことです。ほしがるだけ食べさせ，望むだけ買い与え，わざとこぼす，まき散らすなどの行為に対しても叱ってはいけないといわれています。こうした行動は永久に続くのではなく，一定の間だけ継続します。何をしても受け入れてくれる養育者を過酷なまでに確かめざるをえない子どもの気持ちを受け入れるためにも，養育者は孤立化せず，支援を受けながら子どもに対応する必要があります。それまでの養育者に捨てられてきたという思いから，養育者は何をしても見捨てないということを子どもが確かめていると理解することができます。
　こうした本能的ともいえる子どもの行動に対し，しつけるということで，退行や試し行動を抑制する方向で対応してしまうことが危惧されます。まずは一定の養育者と愛着関係が形成できるよう，徹底して受容することが重要です。食事を制限したり，甘えを抑制したりすることが，のちの自立を阻害することになります。
　しかしながら児童養護施設では，一貫した養育者を子どもに提供することが

---

(3) **退行**　赤ちゃんがえりともいわれる。より低い年齢における行動状態に逆戻りすること。

困難であるため，こうした退行や試し行動を表出しない傾向にあります。たとえ表出したとしても，それに対応することが困難であるため，それを表出させないように対応したり，表出してもそれを抑制させる方向で対応せざるをえないといえます。近年，生活単位を小規模化したグループホームなどで，一貫した職員が対応する施設もありますが，まだそうした施設は少数です。

　里親委託率の高いいくつかの諸外国では，このような子どもへの対応を考慮して，施設はきわめて限定的に活用し，里親を主たる社会的養護の受け皿として活用しています。日本における社会的養護のあり方について改めて検討する必要があるといえるでしょう。

▷課題3

　家庭復帰の見込みや今後のJ君の養育場所や主たる養育者について長期的に検討する必要があります。J君は両親ともに行方不明であり，家庭復帰の可能性は低いといえます。J君の年齢や発育状況を考慮し，できるだけ一貫した養育者が継続的に関与できるよう，里親や小規模住居型児童養育事業（ファミリーホーム）[4]の可能性を含め，児童相談所と検討する必要があります。この事例の場合，児童養護施設が運営するグループホームにおいて，家庭的環境で養育することが考えられていますが，家庭復帰の可能性が低いならば，速やかに里親を模索することが重要です。年齢が増すにつれ里親委託は困難となり，永続的に施設で暮らすこととなるからです。

　一貫した養育者を保障するための援助計画をパーマネンシー・プランニングといいます。パーマネンシーとは一貫した養育者の永続性を意味します。できるだけ速やかに永続的に一貫した主たる養育者を提供することが，子どもの発達においてもっとも重要であるという認識が根底に存在します。日本は里親委託率の比較的高い一部の欧米・オセアニア諸国と異なり，社会的養護の受け皿

---

[4] 小規模住居型児童養育事業（ファミリーホーム）　里親には実子を含め4人までの子どもしか委託できないことをふまえ，5～6人の子どもの委託を受け，養育者の家庭に迎え入れ，補助人とともに子どもを養育する家庭養護の一形態。

として施設が主流を占めています。職員の交代勤務や退職が一般的である施設は子どもにパーマネンシーを保障することが困難であるといえます。子どもの時間感覚からすれば，主たる養育者が不確定なまま，成長することは子どもにとって非常に不安感を与えます。日本においてもこうしたことに配慮して，養育者の一貫性を重視した社会的養護体制や，家庭的養護の保障が必要であるといえます。

演習

5 子育て不安をかかえる保護者への支援

1 | 事例の概要

　Ｋさんは生後5ヵ月の男児の母親です。有給の仕事はしておらず，夫を含め家族3人で生活しています。

　ある日，Ｋさんは子どもをつれ，市役所を訪れた折，「家庭児童相談室」という表示を目にし，相談することにしました。Ｋさんは対応したＬ相談員に対し，近くに子育てについて気軽に相談できる人がいないため，育児方法がわからないとき戸惑ったり，孤立感から精神的に落ち込むことが多々あることを打ち明けました。実家は遠く，夫は早朝に出勤し帰宅が遅いため，Ｋさんと会話がほとんどできない状況です。Ｌ相談員はＫさんの話を聴き（**課題1**），Ｋさんの「無理せずやっていきます」ということばを最後に別れました。

　それから2週間後，Ｌ相談員はＫさん宅に数回電話連絡しましたが，いずれも応答はなく，気になったＬ相談員はＫさん宅を訪問しました。Ｋさんは辛そうな表情で，何もする気にならないことを伝えました。Ｋさんは口数が少なく，伏し目がちに，子どもの夜泣きが激しく，3日前に近所から苦情をいわれ，夫も非協力的であることから，落ち込む日々が続いているということを，涙ながらにゆっくりと話し出しました。Ｌ相談員はＫさんの話を聴き（**課題2**），次回の訪問の約束をして職場に戻りました。

　Ｌ相談員はＫさんについて関係機関と協議する必要性を感じ，関係機関に連絡し，Ｋさんの支援体制について協議することとなりました（**課題3**）。

2│課題

▷課題1　L相談員はどういった応答をし，どういった態度で接するべきでしょうか。

▷課題2　この家庭訪問の際，L相談員はどういった態度で接するべきでしょうか。

▷課題3　この時点におけるKさんの支援体制について具体的サービスをあげて考えてみましょう。

3│考察

　地域関係が希薄化し，近隣に親族が居住していない場合，主たる養育者は孤立化傾向にあります。有給の仕事をしておらず，家事や育児に専念している場合，そうしたことを問題なくして当たり前という認識がありますが，育児は1人で担えるものではありません。とくに夫の理解や支援，社会サービスの活用が重要となってきます。しかしながらそうした理解や支援が得られないKさんは，子育てを辛く感じています。Kさんが市役所にやって来た折，家庭児童相談室に飛び込んだのは，誰かとその辛い思いを共有したいという思いの表れといえるでしょう。家庭児童相談室は福祉事務所に設置されており，家庭相談員が配置されています。

▷課題1
　対応したL相談員の対応としては，以下のようなことが考えられます。
　①Kさんの感情をことばでいい表す。
　②他の家庭でもよくあることだと伝える。
　③L相談員自身の子育て体験について語る。
　④頑張って子育てするよう励ます。
　⑤子どもを一時的に預けることを提案する。

Kさんの話を傾聴し，その辛さに共感していることを伝えるうえで，感情の反射は有効な方法です。またKさんは具体的なアドバイスを求めているのではなく，話を聴いてほしいという思いが強いことから，L相談員は傾聴に徹することが重要です。したがって上記の①が適切な対応といえるでしょう。②は個別化の原則に反するといえます。他の家庭と比べるのではなくKさん固有の問題としてとらえる必要があります。③は自己開示といわれます。この段階で相談を受ける者自身が自己開示することは不適切といえるでしょう。まずKさん固有の課題であるということを認識し，その固有性を尊重して，それを理解するためにも，Kさんの話の傾聴に努めるべきでしょう。④は頑張っても辛い気持ちをかかえているKさんの気持ちに寄り添っていない対応だといえます。励ますのではなく，Kさんの辛さを受容することがこの段階では重要です。そうしたことが結果的に，Kさんの前向きに生きる姿勢を生み出すことにつながることもあります。⑤はこの段階で提示するには無理があるといえるでしょう。また提示するサービスとしては，地域子育て支援拠点事業のような親子で参加できるサービスの方が適切といえるでしょう。

▷課題2

Kさんの沈黙を尊重するように心がけることが重要です。沈黙にはいろいろな意味が含まれています。納得のいかない沈黙，怒りをかかえた沈黙，熟考している沈黙，反芻している沈黙，理解できず考えるための沈黙などです。沈黙が続くと，相談を受ける側は不安となることがあります。沈黙を回避するために口を出すということがしばしばあります。一方で，沈黙を尊重して待つという姿勢が必要な場合もあります。この事例はこうした場合に相当するといえるでしょう。

▷課題3

児童福祉法に基づいた要保護児童対策地域協議会での検討事例となります。要保護児童対策地域協議会とは，関係機関の実務者レベルでのケース検討会議

です。市町村がこうした会議の調整機能を担っています。市町村によっては児童福祉法上の乳児家庭全戸訪問事業が行われており，訪問の過程で要支援性が認められた家庭には養育支援訪問事業として，訪問支援者が再度訪問します。こうした過程を経て，協議会へ各ケースが提示され，具体的な援助計画を作成する必要があります。具体的には児童委員によるKさんへの個別対応，保健師による訪問指導，一時預かり事業，ファミリー・サポート・センター事業(5)，地域子育て支援拠点事業，L相談員による継続的支援などが活用できるサービスとして考えられます。地域子育て支援拠点事業のように外出が必要な事業にKさんが自ら出て行くことが困難な場合は，訪問支援の方が適切といえるでしょう。

---

(5) **ファミリー・サポート・センター事業**　乳幼児や小学生等の子どもを養育する保護者等の中で，子どもの預かり等の援助を受けることを希望する者と当該援助を行うことを希望する者との相互援助活動を，連絡・調整する事業。

演習

6　援助道具の活用

1　事例の概要

　保育所の保育士は，担当するクラスのMちゃん（3歳）のことが気にかかっていました。忘れ物が多く，また遊びのときには他の園児との言い争いが絶えません。母親のNさん（31歳）はフィリピンの出身です。保育士は送り迎えのときに，Nさんに声をかけ，話を聞いてみることにしました。話の中からNさんは漢字の読み書きができないので，保護者へのお便りの意味がわからず，困ることが多いということがわかってきました。夫の育児への参加について聞いてみると，Nさんは「まったくしてくれません。そんなことを頼んだら，なぐられてしまいます」といいました。（**場面1**）

　特定非営利活動法人（NPO法人）が運営する国際サポートセンターに勤務する相談員は，Nさんからつぎのような相談を受けました。Nさんは，9年前にフィリピンから来日し，日本人男性と結婚して5年目になります。夫（45歳）は，建築関係の会社員で，Nさんが飲食店で働いていたときの店の客でした。夫は結婚当初から気に入らないことがあると，Nさんに暴力を振るいました。Nさんは結婚後しばらくは専業主婦をしていて，夫からは家計のためのお金をもらっていました。しかし，言葉や文化の違いから，意思疎通がうまくいかなくなり，夫婦関係は悪くなる一方で，最近は，夫が家にまったくお金を入れてくれなくなったので，再び飲食店で働き始めました。子どものMちゃんの養育について夫は協力的ではなく，保育所への送迎はすべてNさんがしています。夫からの暴言や暴力はありますが，Nさんはフィリピンの家族に仕送りをつづけるためにも夫とは別れたくないといいます。フィリピンから一緒に来日した友人とは，いまも電話でよく話します。近所の人とは，あいさつをする程

173

度で，付き合いはほとんどありません。（場面2）

2 課　題

▷課題1　事例の概要を読んで，エコマップを描いてみましょう。
▷課題2　Nさんはどのような困難をかかえているか，あげてみましょう。
▷課題3　Nさんの援助において，どのような取り組みが必要でしょうか。保育所の保育士の取り組み（場面1）と，国際サポートセンターの相談員の取り組み（場面2）について，それぞれ考えてみましょう。

3 考　察

　アセスメントや面接のときに用いられる援助道具として，ジェノグラムやエコマップがあります。事例文を読んでジェノグラムやエコマップを描くことで，その使い方を習得することができます。本書のほかの事例についても，ジェノグラムやエコマップを作成してみましょう。

▷課題1
　事例文からエコマップを描くと，右のようになります。
　エコマップからは，つぎのようなことが読み取れます。
- Nさんは，フィリピンの家族と強いつながりがある。
- フィリピン人の友人，保育所の保育士，飲食店での仕事，国際サポートセンターなど，家族以外のつながりを多くもっている。
- 夫からの暴力や暴言，漢字の読み書きができないことが，ストレスとなっている。

▷課題2
　夫からの暴力や暴言が，Nさんの大きな精神的，肉体的負担となっています。

演 習

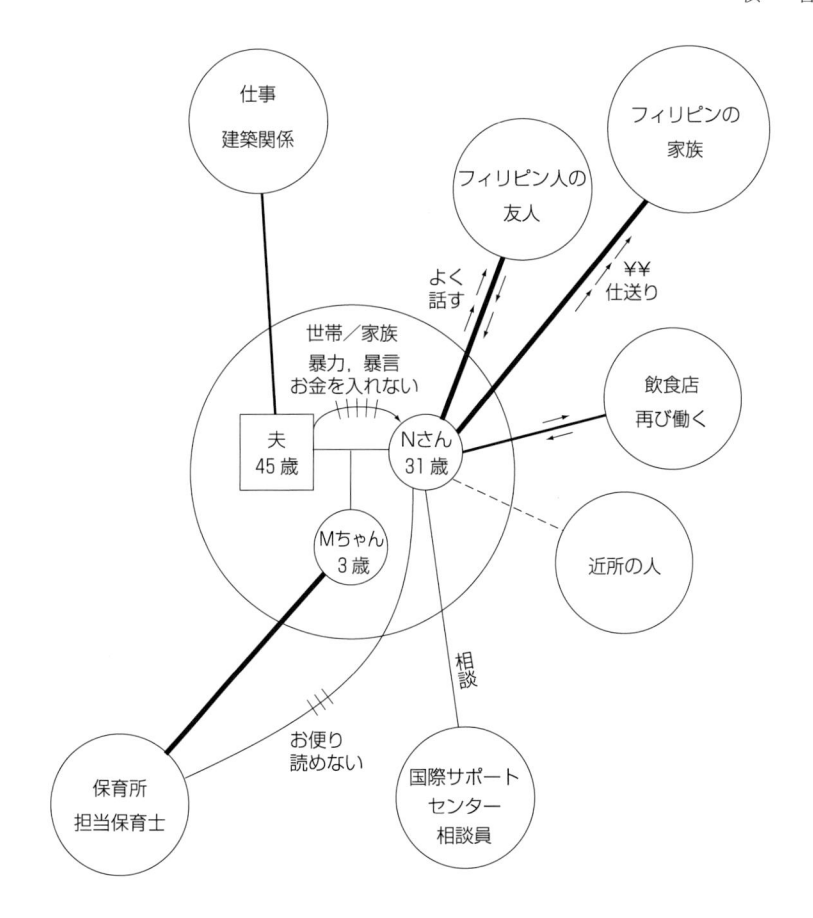

```
          仕事
        建築関係                フィリピンの
                     フィリピン人の    家族
                       友人
                              ¥¥
                    よく          仕送り
                    話す

            世帯／家族
            暴力，暴言
          お金を入れない           飲食店
                                再び働く
         夫       Nさん
        45歳      31歳

            Mちゃん           近所の人
             3歳

                     相
                     談
                  国際サポート
           お便り    センター
           読めない    相談員
         保育所
        担当保育士
```

　結婚当初から暴力を受けていて，それが5年間も続いていることになります。
　夫は当初は家計のためのお金を渡していましたが，最近はまったく入れなくなっています。そのため，家計を支えるための金銭が不足しています。
　また，夫の行動がMちゃんに与える負の影響についても懸念されます。Nさんに対する暴力は，Mちゃんに対する虐待ととらえることもできます。夫婦関係の悪化，経済的な困窮が子どもの健全な成長を妨げていると考えられます。

▶課題3

　まず，保育所の保育士の取り組み（場面1）について考えてみましょう。
　Mちゃんの忘れ物が多いことは，Nさんが漢字の読み書きができず，また夫が育児に協力していないことが関連していると考えられます。Nさんに対しては，わかりやすい表現を用いて言葉がけをする，連絡帳ではひらがなを用いる，保育所からの文書には漢字にふりがなを振るなどの工夫が必要です。夫の育児参加を促すために，夫に対する働きかけも必要ですが，夫と連絡をとり面談することは困難かもしれません。Nさんの「なぐられてしまいます」との発言から，夫から暴力を受けていることが考えられます。しかし保育所が夫婦関係に介入していくことには限界があります。そのため，状況の改善のために適切だと思われる援助機関，たとえば，婦人相談所や在日外国人を支援している国際サポートセンターなどをNさんに紹介し，つなげていく役割が保育士に期待されます。
　国際サポートセンターの相談員の取り組み（場面2）としてはどのようなことが考えられるでしょうか。
　援助をすすめていくにあたっては，Nさんの強み（ストレングス）をよく認識して，それを生かしていくことが必要です。Nさんは，フィリピンの家族や友人との強いつながり，家計を助けるため飲食店で働く能力，国際サポートセンターに自ら援助を求める能力，自らの状況を説明することのできる日本語の能力などの強みをもっています。また，他に利用できるサポートや社会資源を明らかにするために，ネットワークマップを利用してもよいでしょう。
　最初に必要な取り組みは，夫からの暴力や暴言にいかにして対処するかを検討することです。Nさんとともに，暴力の要因となっていることは何か，また暴力をやめさせる具体的な方法があるかどうかを検討します。Nさんはフィリピンから来日し，夫との結婚によって在留資格を得ているなど，夫と比べて弱い立場にあります。そのため夫の態度を変化させることは容易ではありません。
　Nさんはフィリピンに仕送りをつづけるためにも夫とは別れたくないといっています。夫に対する愛情からというよりは，子どもやフィリピンの家族のた

めに，夫婦関係を維持しているという状態になっています。これから夫との関係をどのようにしていきたいのか，Nさんの気持ちを面接の中で時間をかけて確認することが必要です。

　子どもをどのように養育していくかも大きな課題です。現在は夫婦が協力して育児している状態ではありません。もし夫との離婚を考えるときには，子どもの養育のあり方，離婚の手続きのすすめ方について，法律の専門家の意見も参考にしながら，その方策を検討します。

　援助を続けていく中で，夫の暴力がひどくなっていくようなときには，シェルター（身の安全を守るために一時的に避難する場所）や母子生活支援施設の利用が考慮されるべきです。

巻末資料
── 関連法令等 ──

- 児童福祉法（抄）……………………180
- 児童憲章……………………………182
- 児童の権利に関する条約（抄）……183
- 保育所保育指針（抄）………………185
- 全国保育士会倫理綱領………………189
- 社会福祉士の倫理綱領（抄）………190

児童福祉法（抄）

(昭和22年12月12日法律第164号)
(最新改正　平成25年6月14日法律第44号)

第1章　総則

〔児童福祉の理念〕
第1条　すべて国民は，児童が心身ともに健やかに生まれ，且つ，育成されるよう努めなければならない。
②　すべて児童は，ひとしくその生活を保障され，愛護されなければならない。

〔児童育成の責任〕
第2条　国及び地方公共団体は，児童の保護者とともに，児童を心身ともに健やかに育成する責任を負う。

〔原理の尊重〕
第3条　前2条に規定するところは，児童の福祉を保障するための原理であり，この原理は，すべて児童に関する法令の施行にあたつて，常に尊重されなければならない。

第6節　保育士

〔保育士の定義〕
第18条の4　この法律で，保育士とは，第18条の18第1項の登録を受け，保育士の名称を用いて，専門的知識及び技術をもつて，児童の保育及び児童の保護者に対する保育に関する指導を行うことを業とする者をいう。

〔欠格事由〕
第18条の5　次の各号のいずれかに該当する者は，保育士となることができない。
一　成年被後見人又は被保佐人
二　禁錮以上の刑に処せられ，その執行を終わり，又は執行を受けることがなくなつた日から起算して2年を経過しない者
三　この法律の規定その他児童の福祉に関する法律の規定であつて政令で定めるものにより，罰金の刑に処せられ，その執行を終わり，又は執行を受けることがなくなつた日から起算して2年を経過しない者
四　第18条の19第1項第2号又は第2項の規定により登録を取り消され，その取消しの日から起算して2年を経過しない者

〔保育士の資格〕
第18条の6　次の各号のいずれかに該当する者は，保育士となる資格を有する。
一　厚生労働大臣の指定する保育士を養成する学校その他の施設（以下「指定保育士養成施設」という。）を卒業した者
二　保育士試験に合格した者

〔登録〕
第18条の18　保育士となる資格を有する者が保育士となるには，保育士登録簿に，氏名，生年月日その他厚生労働省令で定める事項の登録を受けなければならない。
②　保育士登録簿は，都道府県に備える。
③　都道府県知事は，保育士の登録をしたときは，申請者に第1項に規定する事項を記載した保育士登録証を交付する。

〔登録の取消し等〕
第18条の19　都道府県知事は，保育士が次の各号のいずれかに該当する場合には，その登録を取り消さなければならない。
一　第18条の5各号（第4号を除く。）のいずれかに該当するに至つた場合
二　虚偽又は不正の事実に基づいて登録を受けた場合
②　都道府県知事は，保育士が第18条の21又は第18条の22の規定に違反したときは，その登録を取り消し，又は期間を定めて保育士の名称の使用の停止を命ずることができ

る。

〔登録の消除〕
第18条の20　都道府県知事は，保育士の登録がその効力を失つたときは，その登録を消除しなければならない。

〔信用失墜行為の禁止〕
第18条の21　保育士は，保育士の信用を傷つけるような行為をしてはならない。

〔保育士の秘密保持義務〕
第18条の22　保育士は，正当な理由がなく，その業務に関して知り得た人の秘密を漏らしてはならない。保育士でなくなつた後においても，同様とする。

〔名称の使用制限〕
第18条の23　保育士でない者は，保育士又はこれに紛らわしい名称を使用してはならない。

〔政令への委任〕
第18条の24　この法律に定めるもののほか，指定保育士養成施設，保育士試験，指定試験機関，保育士の登録その他保育士に関し必要な事項は，政令でこれを定める。

第2章　福祉の保障
第6節　要保護児童の保護措置等

〔要保護児童発見者の通告義務〕
第25条　要保護児童を発見した者は，これを市町村，都道府県の設置する福祉事務所若しくは児童相談所又は児童委員を介して市町村，都道府県の設置する福祉事務所若しくは児童相談所に通告しなければならない。ただし，罪を犯した満14歳以上の児童については，この限りでない。この場合においては，これを家庭裁判所に通告しなければならない。

〔要保護児童対策地域協議会〕
第25条の2　地方公共団体は，単独で又は共同して，要保護児童の適切な保護又は要支援児童若しくは特定妊婦への適切な支援を図るため，関係機関，関係団体及び児童の福祉に関連する職務に従事する者その他の関係者（以下「関係機関等」という。）により構成される要保護児童対策地域協議会（以下「協議会」という。）を置くように努めなければならない。

② 　協議会は，要保護児童若しくは要支援児童及びその保護者又は特定妊婦（以下「要保護児童等」という。）に関する情報その他要保護児童の適切な保護又は要支援児童若しくは特定妊婦への適切な支援を図るために必要な情報の交換を行うとともに，要保護児童等に対する支援の内容に関する協議を行うものとする。

③ 　地方公共団体の長は，協議会を設置したときは，厚生労働省令で定めるところにより，その旨を公示しなければならない。

④ 　協議会を設置した地方公共団体の長は，協議会を構成する関係機関等のうちから，一に限り要保護児童対策調整機関を指定する。

⑤ 　要保護児童対策調整機関は，協議会に関する事務を総括するとともに，要保護児童等に対する支援が適切に実施されるよう，要保護児童等に対する支援の実施状況を的確に把握し，必要に応じて，児童相談所，養育支援訪問事業を行う者その他の関係機関等との連絡調整を行うものとする。

⑥ 　要保護児童対策調整機関は，厚生労働省令で定めるところにより，前項の業務に係る事務を適切に行うことができる者として厚生労働省令で定めるものを置くように努めなければならない。

〔資料又は情報の提供等〕
第25条の3　協議会は，前条第2項に規定する情報の交換及び協議を行うため必要があると認めるときは，関係機関等に対し，資料又は情報の提供，意見の開陳その他必要な協力を求めることができる。

第3章　事業，養育里親及び施設

〔保育所の情報提供等〕
第48条の3　保育所は，当該保育所が主として利用される地域の住民に対してその行う

保育に関し情報の提供を行い、並びにその行う保育に支障がない限りにおいて、乳児、幼児等の保育に関する相談に応じ、及び助言を行うよう努めなければならない。

② 保育所に勤務する保育士は、乳児、幼児等の保育に関する相談に応じ、及び助言を行うために必要な知識及び技能の修得、維持及び向上に努めなければならない。

児童憲章

(昭和26年5月5日)

　われらは、日本国憲法の精神にしたがい、児童に対する正しい観念を確立し、すべての児童の幸福をはかるために、この憲章を定める。
　児童は、人として尊ばれる。
　児童は、社会の一員として重んぜられる。
　児童は、よい環境のなかで育てられる。
一　すべての児童は、心身ともに、健やかにうまれ、育てられ、その生活を保障される。
二　すべての児童は、家庭で、正しい愛情と知識と技術をもつて育てられ、家庭に恵まれない児童には、これにかわる環境が与えられる。
三　すべての児童は、適当な栄養と住居と被服が与えられ、また、疾病と災害からまもられる。
四　すべての児童は、個性と能力に応じて教育され、社会の一員としての責任を自主的に果すように、みちびかれる。
五　すべての児童は、自然を愛し、科学と芸術を尊ぶように、みちびかれ、また、道徳的心情がつちかわれる。
六　すべての児童は、就学のみちを確保され、また、十分に整つた教育の施設を用意される。
七　すべての児童は、職業指導を受ける機会が与えられる。
八　すべての児童は、その労働において、心身の発育が阻害されず、教育を受ける機会が失われず、また児童としての生活がさまたげられないように、十分に保護される。
九　すべての児童は、よい遊び場と文化財を用意され、わるい環境からまもられる。
十　すべての児童は、虐待、酷使、放任その他不当な取扱からまもられる。
　あやまちをおかした児童は、適切に保護指導される。
十一　すべての児童は、身体が不自由な場合、または精神の機能が不十分な場合に、適切な治療と教育と保護が与えられる。
十二　すべての児童は、愛とまことによつて結ばれ、よい国民として人類の平和と文化に貢献するように、みちびかれる。

巻末資料

児童の権利に関する条約（抄）

平成6年5月16日条約第2号
1989年11月20日　第44回国際連合総会で採択
1994年5月22日　日本国について発効
最新改正　平成15年条約第3号・外務省告示第183号

＊各条文の〔　〕内見出しは，国際教育法研究会訳「子どもの権利に関する条約」による。

前文

この条約の締約国は，

国際連合憲章において宣明された原則によれば，人類社会のすべての構成員の固有の尊厳及び平等のかつ奪い得ない権利を認めることが世界における自由，正義及び平和の基礎を成すものであることを考慮し，

国際連合加盟国の国民が，国際連合憲章において，基本的人権並びに人間の尊厳及び価値に関する信念を改めて確認し，かつ，一層大きな自由の中で社会的進歩及び生活水準の向上を促進することを決意したことに留意し，

国際連合が，世界人権宣言及び人権に関する国際規約において，すべての人は人種，皮膚の色，性，言語，宗教，政治的意見その他の意見，国民的若しくは社会的出身，財産，出生又は他の地位等によるいかなる差別もなしに同宣言及び同規約に掲げるすべての権利及び自由を享有することができることを宣言し及び合意したことを認め，

国際連合が，世界人権宣言において，児童は特別な保護及び援助についての権利を享有することができることを宣言したことを想起し，

家族が，社会の基礎的な集団として，並びに家族のすべての構成員，特に，児童の成長及び福祉のための自然な環境として，社会においてその責任を十分に引き受けることができるよう必要な保護及び援助を与えられるべきであることを確信し，

児童が，その人格の完全なかつ調和のとれた発達のため，家庭環境の下で幸福，愛情及び理解のある雰囲気の中で成長すべきであることを認め，

児童が，社会において個人として生活するため十分な準備が整えられるべきであり，かつ，国際連合憲章において宣明された理想の精神並びに特に平和，尊厳，寛容，自由，平等及び連帯の精神に従って育てられるべきであることを考慮し，

児童に対して特別な保護を与えることの必要性が，1924年の児童の権利に関するジュネーヴ宣言及び1959年11月20日に国際連合総会で採択された児童の権利に関する宣言において述べられており，また，世界人権宣言，市民的及び政治的権利に関する国際規約（特に第23条及び第24条），経済的，社会的及び文化的権利に関する国際規約（特に第10条）並びに児童の福祉に関係する専門機関及び国際機関の規程及び関係文書において認められていることに留意し，

児童の権利に関する宣言において示されているとおり「児童は，身体的及び精神的に未熟であるため，その出生の前後において，適当な法的保護を含む特別な保護及び世話を必要とする。」ことに留意し，

国内の又は国際的な里親委託及び養子縁組を特に考慮した児童の保護及び福祉についての社会的及び法的な原則に関する宣言，少年司法の運用のための国際連合最低基準規則（北京規則）及び緊急事態及び武力紛争における女子及び児童の保護に関する宣言の規定を想起し，

極めて困難な条件の下で生活している児童

183

が世界のすべての国に存在すること，また，このような児童が特別の配慮を必要としていることを認め，

　児童の保護及び調和のとれた発達のために各人民の伝統及び文化的価値が有する重要性を十分に考慮し，

　あらゆる国特に開発途上国における児童の生活条件を改善するために国際協力が重要であることを認めて，

　次のとおり協定した。

第3条〔子どもの最善の利益〕
1　児童に関するすべての措置をとるに当たっては，公的若しくは私的な社会福祉施設，裁判所，行政当局又は立法機関のいずれによって行われるものであっても，児童の最善の利益が主として考慮されるものとする。
2　締約国は，児童の父母，法定保護者又は児童について法的に責任を有する他の者の権利及び義務を考慮に入れて，児童の福祉に必要な保護及び養護を確保することを約束し，このため，すべての適当な立法上及び行政上の措置をとる。
3　締約国は，児童の養護又は保護のための施設，役務の提供及び設備が，特に安全及び健康の分野に関し並びにこれらの職員の数及び適格性並びに適正な監督に関し権限のある当局の設定した基準に適合することを確保する。

第8条〔アイデンティティの保全〕
1　締約国は，児童が法律によって認められた国籍，氏名及び家族関係を含むその身元関係事項について不法に干渉されることなく保持する権利を尊重することを約束する。
2　締約国は，児童がその身元関係事項の一部又は全部を不法に奪われた場合には，その身元関係事項を速やかに回復するため，適当な援助及び保護を与える。

第9条〔親からの分離禁止と分離のための手続〕
1　締約国は，児童がその父母の意思に反してその父母から分離されないことを確保する。ただし，権限のある当局が司法の審査に従うことを条件として適用のある法律及び手続に従いその分離が児童の最善の利益のために必要であると決定する場合は，この限りでない。このような決定は，父母が児童を虐待し若しくは放置する場合又は父母が別居しており児童の居住地を決定しなければならない場合のような特定の場合において必要となることがある。
2　すべての関係当事者は，1の規定に基づくいかなる手続においても，その手続に参加しかつ自己の意見を述べる機会を有する。
3　締約国は，児童の最善の利益に反する場合を除くほか，父母の一方又は双方から分離されている児童が定期的に父母のいずれとも人的な関係及び直接の接触を維持する権利を尊重する。
4　3の分離が，締約国がとった父母の一方若しくは双方又は児童の抑留，拘禁，追放，退去強制，死亡（その者が当該締約国により身体を拘束されている間に何らかの理由により生じた死亡を含む。）等のいずれかの措置に基づく場合には，当該締約国は，要請に応じ，父母，児童又は適当な場合には家族の他の構成員に対し，家族のうち不在となっている者の所在に関する重要な情報を提供する。ただし，その情報の提供が児童の福祉を害する場合は，この限りでない。締約国は，更に，その要請の提出自体が関係者に悪影響を及ぼさないことを確保する。

第12条〔意見表明権〕
1　締約国は，自己の意見を形成する能力のある児童がその児童に影響を及ぼすすべての事項について自由に自己の意見を表明する権利を確保する。この場合において，児童の意見は，その児童の年齢及び成熟度に従って相応に考慮されるものとする。
2　このため，児童は，特に，自己に影響を及ぼすあらゆる司法上及び行政上の手続において，国内法の手続規則に合致する方法により直接に又は代理人若しくは適当な団体を通じて聴取される機会を与えられる。

第18条〔親の第一次的養育責任と国の援助〕
1　締約国は，児童の養育及び発達について父母が共同の責任を有するという原則についての認識を確保するために最善の努力を払う。父母又は場合により法定保護者は，児童の養育及び発達についての第一義的な責任を有する。児童の最善の利益は，これらの者の基本的な関心事項となるものとする。
2　締約国は，この条約に定める権利を保障し及び促進するため，父母及び法定保護者が児童の養育についての責任を遂行するに当たりこれらの者に対して適当な援助を与えるものとし，また，児童の養護のための施設，設備及び役務の提供の発展を確保する。
3　締約国は，父母が働いている児童が利用する資格を有する児童の養護のための役務の提供及び設備からその児童が便益を受ける権利を有することを確保するためのすべての適当な措置をとる。

保育所保育指針（抄）

（平成20年3月28日厚生労働省告示第141号）

第1章　総　則

1　趣旨
(1)　この指針は，児童福祉施設最低基準（昭和23年厚生省令第63号）第35条の規定に基づき，保育所における保育の内容に関する事項及びこれに関連する運営に関する事項を定めるものである。
(2)　各保育所は，この指針において規定される保育の内容に係る基本原則に関する事項等を踏まえ，各保育所の実情に応じて創意工夫を図り，保育所の機能及び質の向上に努めなければならない。

2　保育所の役割
(1)　保育所は，児童福祉法（昭和22年法律第164号）第39条の規定に基づき，保育に欠ける子どもの保育を行い，その健全な心身の発達を図ることを目的とする児童福祉施設であり，入所する子どもの最善の利益を考慮し，その福祉を積極的に増進することに最もふさわしい生活の場でなければならない。
(2)　保育所は，その目的を達成するために，保育に関する専門性を有する職員が，家庭との緊密な連携の下に，子どもの状況や発達過程を踏まえ，保育所における環境を通して，養護及び教育を一体的に行うことを特性としている。
(3)　保育所は，入所する子どもを保育するとともに，家庭や地域の様々な社会資源との連携を図りながら，入所する子どもの保護者に対する支援及び地域の子育て家庭に対する支援等を行う役割を担うものである。
(4)　保育所における保育士は，児童福祉法第18条の4の規定を踏まえ，保育所の役割及び機能が適切に発揮されるように，倫理観に裏付けられた専門的知識，技術及び判断をもって，子どもを保育するとともに，子どもの保護者に対する保育に関する指導を行うものである。

3　保育の原理
(1)　保育の目標
　ア　保育所は，子どもが生涯にわたる人間形成にとって極めて重要な時期に，その生活時間の大半を過ごす場である。このため，保育所の保育は，子どもが現在を最も良く生き，望ましい未来をつくり出す力の基礎を培うために，次の目標を目指して行わなければならな

い。
(ｱ) 十分に養護の行き届いた環境の下に，くつろいだ雰囲気の中で子どもの様々な欲求を満たし，生命の保持及び情緒の安定を図ること。
(ｲ) 健康，安全など生活に必要な基本的な習慣や態度を養い，心身の健康の基礎を培うこと。
(ｳ) 人との関わりの中で，人に対する愛情と信頼感，そして人権を大切にする心を育てるとともに，自主，自立及び協調の態度を養い，道徳性の芽生えを培うこと。
(ｴ) 生命，自然及び社会の事象についての興味や関心を育て，それらに対する豊かな心情や思考力の芽生えを培うこと。
(ｵ) 生活の中で，言葉への興味や関心を育て，話したり，聞いたり，相手の話を理解しようとするなど，言葉の豊かさを養うこと。
(ｶ) 様々な体験を通して，豊かな感性や表現力を育み，創造性の芽生えを培うこと。
イ 保育所は，入所する子どもの保護者に対し，その意向を受け止め，子どもと保護者の安定した関係に配慮し，保育所の特性や保育士等の専門性を生かして，その援助に当たらなければならない。
(2) 保育の方法
保育の目標を達成するために，保育士等は，次の事項に留意して保育しなければならない。
ア 一人一人の子どもの状況や家庭及び地域社会での生活の実態を把握するとともに，子どもが安心感と信頼感を持って活動できるよう，子どもの主体としての思いや願いを受け止めること。
イ 子どもの生活リズムを大切にし，健康，安全で情緒の安定した生活ができる環境や，自己を十分に発揮できる環境を整えること。
ウ 子どもの発達について理解し，一人一人の発達過程に応じて保育すること。その際，子どもの個人差に十分配慮すること。
エ 子ども相互の関係作りや互いに尊重する心を大切にし，集団における活動を効果あるものにするよう援助すること。
オ 子どもが自発的，意欲的に関われるような環境を構成し，子どもの主体的な活動や子ども相互の関わりを大切にすること。特に，乳幼児期にふさわしい体験が得られるように，生活や遊びを通して総合的に保育すること。
カ 一人一人の保護者の状況やその意向を理解，受容し，それぞれの親子関係や家庭生活等に配慮しながら，様々な機会をとらえ，適切に援助すること。
(3) 保育の環境
保育の環境には，保育士等や子どもなどの人的環境，施設や遊具などの物的環境，更には自然や社会の事象などがある。保育所は，こうした人，物，場などの環境が相互に関連し合い，子どもの生活が豊かなものとなるよう，次の事項に留意しつつ，計画的に環境を構成し，工夫して保育しなければならない。
ア 子ども自らが環境に関わり，自発的に活動し，様々な経験を積んでいくことができるよう配慮すること。
イ 子どもの活動が豊かに展開されるよう，保育所の設備や環境を整え，保育所の保健的環境や安全の確保などに努めること。
ウ 保育室は，温かな親しみとくつろぎの場となるとともに，生き生きと活動できる場となるように配慮すること。
エ 子どもが人と関わる力を育てていくため，子ども自らが周囲の子どもや大人と関わっていくことができる環境を整えること。

4 保育所の社会的責任
(1) 保育所は，子どもの人権に十分配慮するとともに，子ども一人一人の人格を尊重して保育を行わなければならない。
(2) 保育所は，地域社会との交流や連携を図り，保護者や地域社会に，当該保育所が行う保育の内容を適切に説明するよう努めなければならない。
(3) 保育所は，入所する子ども等の個人情報を適切に取り扱うとともに，保護者の苦情などに対し，その解決を図るよう努めなければならない。

第6章 保護者に対する支援

保育所における保護者への支援は，保育士等の業務であり，その専門性を生かした子育て支援の役割は，特に重要なものである。保育所は，第1章（総則）に示されているように，その特性を生かし，保育所に入所する子どもの保護者に対する支援及び地域の子育て家庭への支援について，職員間の連携を図りながら，次の事項に留意して，積極的に取り組むことが求められる。

1 保育所における保護者に対する支援の基本
(1) 子どもの最善の利益を考慮し，子どもの福祉を重視すること。
(2) 保護者とともに，子どもの成長の喜びを共有すること。
(3) 保育に関する知識や技術などの保育士の専門性や，子どもの集団が常に存在する環境など，保育所の特性を生かすこと。
(4) 一人一人の保護者の状況を踏まえ，子どもと保護者の安定した関係に配慮して，保護者の養育力の向上に資するよう，適切に支援すること。
(5) 子育て等に関する相談や助言に当たっては，保護者の気持ちを受け止め，相互の信頼関係を基本に，保護者一人一人の自己決定を尊重すること。
(6) 子どもの利益に反しない限りにおいて，保護者や子どものプライバシーの保護，知り得た事柄の秘密保持に留意すること。
(7) 地域の子育て支援に関する資源を積極的に活用するとともに，子育て支援に関する地域の関係機関，団体等との連携及び協力を図ること。

2 保育所に入所している子どもの保護者に対する支援
(1) 保育所に入所している子どもの保護者に対する支援は，子どもの保育との密接な関連の中で，子どもの送迎時の対応，相談や助言，連絡や通信，会合や行事など様々な機会を活用して行うこと。
(2) 保護者に対し，保育所における子どもの様子や日々の保育の意図などを説明し，保護者との相互理解を図るよう努めること。
(3) 保育所において，保護者の仕事と子育ての両立等を支援するため，通常の保育に加えて，保育時間の延長，休日，夜間の保育，病児・病後児に対する保育など多様な保育を実施する場合には，保護者の状況に配慮するとともに，子どもの福祉が尊重されるよう努めること。
(4) 子どもに障害や発達上の課題が見られる場合には，市町村や関係機関と連携及び協力を図りつつ，保護者に対する個別の支援を行うよう努めること。
(5) 保護者に育児不安等が見られる場合には，保護者の希望に応じて個別の支援を行うよう努めること。
(6) 保護者に不適切な養育等が疑われる場合には，市町村や関係機関と連携し，要保護児童対策地域協議会で検討するなど適切な対応を図ること。また，虐待が疑われる場合には，速やかに市町村又は児童相談所に通告し，適切な対応を図ること。

3 地域における子育て支援
(1) 保育所は，児童福祉法第48条の3の規定に基づき，その行う保育に支障がない限りにおいて，地域の実情や当該保育所の体制等を踏まえ，次に掲げるような地

域の保護者等に対する子育て支援を積極的に行うよう努めること。
　　ア　地域の子育ての拠点としての機能
　　　㋐　子育て家庭への保育所機能の開放（施設及び設備の開放，体験保育等）
　　　㋑　子育て等に関する相談や援助の実施
　　　㋒　子育て家庭の交流の場の提供及び交流の促進
　　　㋓　地域の子育て支援に関する情報の提供
　　イ　一時保育
　(2)　市町村の支援を得て，地域の関係機関，団体等との積極的な連携及び協力を図るとともに，子育て支援に関わる地域の人材の積極的な活用を図るよう努めること。
　(3)　地域の要保護児童への対応など，地域の子どもをめぐる諸課題に対し，要保護児童対策地域協議会など関係機関等と連携，協力して取り組むよう努めること。

第7章　職員の資質向上

　第1章（総則）から前章（保護者に対する支援）までに示された事項を踏まえ，保育所は，質の高い保育を展開するため，絶えず，一人一人の職員についての資質向上及び職員全体の専門性の向上を図るよう努めなければならない。

1　職員の資質向上に関する基本的事項

　職員の資質向上に関しては，次の事項に留意して取り組むよう努めなければならない。
　(1)　子どもの最善の利益を考慮し，人権に配慮した保育を行うためには，職員一人一人の倫理観，人間性並びに保育所職員としての職務及び責任の理解と自覚が基盤となること。
　(2)　保育所全体の保育の質の向上を図るため，職員一人一人が，保育実践や研修などを通じて保育の専門性などを高めるとともに，保育実践や保育の内容に関する職員の共通理解を図り，協働性を高めていくこと。
　(3)　職員同士の信頼関係とともに，職員と子ども及び職員と保護者との信頼関係を形成していく中で，常に自己研鑽に努め，喜びや意欲を持って保育に当たること。

2　施設長の責務

　施設長は，保育の質及び職員の資質の向上のため，次の事項に留意するとともに，必要な環境の確保に努めなければならない。
　(1)　施設長は，保育所の役割や社会的責任を遂行するために，法令等を遵守し，保育所を取り巻く社会情勢などを踏まえ，その専門性等の向上に努めること。
　(2)　第4章（保育の計画及び評価）の2の(1)（保育士等の自己評価）及び(2)（保育所の自己評価）等を踏まえ，職員が保育所の課題について共通理解を深め，協力して改善に努めることができる体制を作ること。
　(3)　職員及び保育所の課題を踏まえた保育所内外の研修を体系的，計画的に実施するとともに，職員の自己研鑽に対する援助や助言に努めること。

3　職員の研修等

　(1)　職員は，子どもの保育及び保護者に対する保育に関する指導が適切に行われるように，自己評価に基づく課題等を踏まえ，保育所内外の研修等を通じて，必要な知識及び技術の修得，維持及び向上に努めなければならない。
　(2)　職員一人一人が課題を持って主体的に学ぶとともに，他の職員や地域の関係機関など，様々な人や場との関わりの中で共に学び合う環境を醸成していくことにより，保育所の活性化を図っていくことが求められる。

全国保育士会倫理綱領

2003年11月29日宣言
社会福祉法人全国社会福祉協議会・全国保育協議会・全国保育士会

すべての子どもは，豊かな愛情のなかで心身ともに健やかに育てられ，自ら伸びていく無限の可能性を持っています。

私たちは，子どもが現在（いま）を幸せに生活し，未来（あす）を生きる力を育てる保育の仕事に誇りと責任をもって，自らの人間性と専門性の向上に努め，一人ひとりの子どもを心から尊重し，次のことを行います。

　　私たちは，子どもの育ちを支えます。
　　私たちは，保護者の子育てを支えます。
　　私たちは，子どもと子育てにやさしい社会をつくります。

（子どもの最善の利益の尊重）
1　私たちは，一人ひとりの子どもの最善の利益を第一に考え，保育を通してその福祉を積極的に増進するよう努めます。

（子どもの発達保障）
2　私たちは，養護と教育が一体となった保育を通して，一人ひとりの子どもが心身ともに健康，安全で情緒の安定した生活ができる環境を用意し，生きる喜びと力を育むことを基本として，その健やかな育ちを支えます。

（保護者との協力）
3　私たちは，子どもと保護者のおかれた状況や意向を受けとめ，保護者とより良い協力関係を築きながら，子どもの育ちや子育てを支えます。

（プライバシーの保護）
4　私たちは，一人ひとりのプライバシーを保護するため，保育を通して知り得た個人の情報や秘密を守ります。

（チームワークと自己評価）
5　私たちは，職場におけるチームワークや，関係する他の専門機関との連携を大切にします。
　また，自らの行う保育について，常に子どもの視点に立って自己評価を行い，保育の質の向上を図ります。

（利用者の代弁）
6　私たちは，日々の保育や子育て支援の活動を通して子どものニーズを受けとめ，子どもの立場に立ってそれを代弁します。
　また，子育てをしているすべての保護者のニーズを受けとめ，それを代弁していくことも重要な役割と考え，行動します。

（地域の子育て支援）
7　私たちは，地域の人々や関係機関とともに子育てを支援し，そのネットワークにより，地域で子どもを育てる環境づくりに努めます。

（専門職としての責務）
8　私たちは，研修や自己研鑽を通して，常に自らの人間性と専門性の向上に努め，専門職としての責務を果たします。

社会福祉士の倫理綱領（抄）

（1995年1月20日採択の「ソーシャルワーカーの倫理綱領」を改訂
2005年6月3日，社団法人日本社会福祉士会採択）

前文

われわれ社会福祉士は，すべての人が人間としての尊厳を有し，価値ある存在であり，平等であることを深く認識する。われわれは平和を擁護し，人権と社会正義の原理に則り，サービス利用者本位の質の高い福祉サービスの開発と提供に努めることによって，社会福祉の推進とサービス利用者の自己実現をめざす専門職であることを言明する。

われわれは，社会の進展に伴う社会変動が，ともすれば環境破壊及び人間疎外をもたらすことに着目する時，この専門職がこれからの福祉社会にとって不可欠の制度であることを自覚するとともに，専門職社会福祉士の職責についての一般社会及び市民の理解を深め，その啓発に努める。

われわれは，われわれの加盟する国際ソーシャルワーカー連盟が採択した，次の「ソーシャルワークの定義」（2000年7月）をソーシャルワーク実践に適用され得るものとして認識し，その実践の拠り所とする。

ソーシャルワークの定義

ソーシャルワーク専門職は，人間の福利（ウェルビーイング）の増進を目指して，社会の変革を進め，人間関係における問題解決を図り，人々のエンパワーメントと解放を促していく。ソーシャルワークは人間の行動と社会システムに関する理論を利用して，人びとがその環境と相互に影響し合う接点に介入する。人権と社会正義の原理は，ソーシャルワークの拠り所とする基盤である。（IFSW，2000年7月）

われわれは，ソーシャルワークの知識，技術の専門性と倫理性の維持，向上が専門職の職責であるだけでなく，サービス利用者は勿論，社会全体の利益に密接に関連していることを認識し，本綱領を制定してこれを遵守することを誓約する者により，専門職団体を組織する。

価値と原則

1　（人間の尊厳）

社会福祉士は，すべての人間を，出自，人種，性別，年齢，身体的精神的状況，宗教的文化的背景，社会的地位，経済状況等の違いにかかわらず，かけがえのない存在として尊重する。

2　（社会正義）

差別，貧困，抑圧，排除，暴力，環境破壊などの無い，自由，平等，共生に基づく社会正義の実現を目指す。

3　（貢献）

社会福祉士は，人間の尊厳の尊重と社会正義の実現に貢献する。

4　（誠実）

社会福祉士は，本倫理綱領に対して常に誠実である。

5　（専門的力量）

社会福祉士は，専門的力量を発揮し，その専門性を高める。

倫理基準

1）利用者に対する倫理責任

1．（利用者との関係）社会福祉士は，利用者との専門的援助関係を最も大切にし，それを自己の利益のために利用しない。

2．（利用者の利益の最優先）社会福祉士は，業務の遂行に際して，利用者の利益を最優先に考える。

3．（受容）社会福祉士は，自らの先入観や偏見を排し，利用者をあるがままに受容する。

4．（説明責任）社会福祉士は，利用者に必要な情報を適切な方法・わかりやすい表現を用いて提供し，利用者の意思を確認する。

5．（利用者の自己決定の尊重）社会福祉士は，利用者の自己決定を尊重し，利用者がその権利を十分に理解し，活用していけるように援助する。

6．（利用者の意思決定能力への対応）社会福祉士は，意思決定能力の不十分な利用者に対して，常に最善の方法を用いて利益と権利を擁護する。

7．（プライバシーの尊重）社会福祉士は，利用者のプライバシーを最大限に尊重し，関係者から情報を得る場合，その利用者から同意を得る。

8．（秘密の保持）社会福祉士は，利用者や関係者から情報を得る場合，業務上必要な範囲にとどめ，その秘密を保持する。秘密の保持は，業務を退いた後も同様とする。

9．（記録の開示）社会福祉士は，利用者から記録の開示の要求があった場合，本人に記録を開示する。

10．（情報の共有）社会福祉士は，利用者の援助のために利用者に関する情報を関係機関・関係職員と共有する場合，その秘密を保持するよう最善の方策を用いる。

11．（性的差別，虐待の禁止）社会福祉士は，利用者に対して，性別，性的指向等の違いから派生する差別やセクシュアル・ハラスメント，虐待をしない。

12．（権利侵害の防止）社会福祉士は，利用者を擁護し，あらゆる権利侵害の発生を防止する。

2）実践現場における倫理責任

1．（最良の実践を行う責務）社会福祉士は，実践現場において，最良の業務を遂行するために，自らの専門的知識・技術を惜しみなく発揮する。

2．（他の専門職等との連携・協働）社会福祉士は，相互の専門性を尊重し，他の専門職等と連携・協働する。

3．（実践現場と綱領の遵守）社会福祉士は，実践現場との間で倫理上のジレンマが生じるような場合，実践現場が本綱領の原則を尊重し，その基本精神を遵守するよう働きかける。

4．（業務改善の推進）社会福祉士は，常に業務を点検し評価を行い，業務改善を推進する。

3）社会に対する倫理責任

1．（ソーシャル・インクルージョン）社会福祉士は，人々をあらゆる差別，貧困，抑圧，排除，暴力，環境破壊などから守り，包含的な社会を目指すよう努める。

2．（社会への働きかけ）社会福祉士は，社会に見られる不正義の改善と利用者の問題解決のため，利用者や他の専門職等と連帯し，効果的な方法により社会に働きかける。

3．（国際社会への働きかけ）社会福祉士は，人権と社会正義に関する国際的問題を解決するため，全世界のソーシャルワーカーと連帯し，国際社会に働きかける。

4）専門職としての倫理責任

1．（専門職の啓発）社会福祉士は，利用者・他の専門職・市民に専門職としての実践を伝え社会的信用を高める。

2．（信用失墜行為の禁止）社会福祉士は，その立場を利用した信用失墜行為を行わない。

3．（社会的信用の保持）社会福祉士は，他の社会福祉士が専門職業の社会的信用を損なうような場合，本人にその事実を知らせ，必要な対応を促す。

4．（専門職の擁護）社会福祉士は，不当な批判を受けることがあれば，専門職として連帯し，その立場を擁護する。

5．（専門性の向上）社会福祉士は，最良の実践を行うために，スーパービジョン，教育・研修に参加し，援助方法の改善と専門性の向上を図る。

6．（教育・訓練・管理における責務）社

会福祉士は教育・訓練・管理に携わる場合，相手の人権を尊重し，専門職としてのよりよい成長を促す。
7．（調査・研究）社会福祉士は，すべての調査・研究過程で利用者の人権を尊重し，倫理性を確保する。

―――（後略）―――

《著者紹介》

久保美紀　くぼ　みき（第1章～第3章，第8章，演習1・2）
　　現　在　明治学院大学社会学部教授
　　主　著　『新しいソーシャルワークの展開』（共著）ミネルヴァ書房，2010年
　　　　　　『ソーシャルワークの研究方法──実践の科学化と理論化を目指して』（共著）相川書房，2010年

林　浩康　はやし　ひろやす（序章，第4章～第6章，演習3・4・5）
　　現　在　日本女子大学人間社会学部教授
　　主　著　『子ども虐待時代の新たな家族支援』（単著）明石書店，2008年
　　　　　　『ファミリーグループ・カンファレンス入門』（共編著）明石書店，2011年

湯浅典人　ゆあさ　のりと（第7章，第9章～第12章，演習6）
　　現　在　文京学院大学人間学部教授
　　主　著　『社会福祉援助技術論──基本と事例』（共編著）学文社，2005年
　　　　　　『新しいソーシャルワークの展開』（共著）ミネルヴァ書房，2010年

　　　　　　　　　　　　　新・プリマーズ／保育／福祉
　　　　　　　　　　　　　　　　相談援助

2013年10月20日　初版第1刷発行　　　　〈検印省略〉
2016年10月20日　初版第3刷発行

　　　　　　　　　　　　　　　　　　　定価はカバーに
　　　　　　　　　　　　　　　　　　　表示しています

　　　　　　　　　　　　　　　久　保　美　紀
　　　著　者　　　　　　　　　林　　　浩　康
　　　　　　　　　　　　　　　湯　浅　典　人
　　　発行者　　　　　　　　　杉　田　啓　三
　　　印刷者　　　　　　　　　田　中　雅　博

　　　発行所　　株式会社　ミネルヴァ書房
　　　　　　　607-8494　京都市山科区日ノ岡堤谷町1
　　　　　　　　　　　　電話代表（075）581-5191
　　　　　　　　　　　　振替口座　01020-0-8076

　　　　　　　©久保・林・湯浅，2013　　　創栄図書印刷・藤沢製本

ISBN978-4-623-05989-8
Printed in Japan

──── 新・プリマーズ ────

社会福祉	石田慎二・山縣文治編著	本体1800円
児童家庭福祉	福田公教・山縣文治編著	本体1800円
社会的養護	小池由佳・山縣文治編著	本体1800円
社会的養護内容	谷口純世・山縣文治編著	本体2000円
家庭支援論	高辻千恵・山縣文治編著	本体2000円
相談援助	久保美紀・林　浩康・湯浅典人著	本体2000円
保育相談支援	柏女霊峰・橋本真紀編著	本体2000円
地域福祉	柴田謙治編著	本体2400円
発達心理学	無藤　隆・中坪史典・西山　修編著	本体2200円
保育の心理学	河合優年・中野　茂編著	本体2000円

──── ミネルヴァ書房 ────
http://www.minervashobo.co.jp/